高校第二课堂学习指南

主　　编　陈　曦　何　伟
副 主 编　乐上泓　邹文通
　　　　　薛　琳　沈佳丽

合肥工业大学出版社
HEFEI UNIVERSITY OF TECHNOLOGY PRESS

图书在版编目(CIP)数据

高校第二课堂学习指南 / 陈曦，何伟主编. — 合肥：合肥工业大学出版社，2023.5
ISBN 978-7-5650-6161-5

Ⅰ.①高… Ⅱ.①陈… ②何… Ⅲ.①第二课堂—高等学校—教学参考资料 Ⅳ.①G640

中国国家版本馆CIP数据核字（2023）第057401号

高校第二课堂学习指南
GAOXIAO DIER KETANG XUEXI ZHINAN

陈　曦　何　伟　主编

责任编辑	张慧
出版发行	合肥工业大学出版社
地　　址	（230009）合肥市屯溪路193号
网　　址	www.hfutpress.com.cn
电　　话	人文社科出版中心：0551-62903205
	营销与储运管理中心：0551-62903198
规　　格	787毫米×1092毫米　1/16
印　　张	10.5
字　　数	248千字
版　　次	2023年5月第1版
印　　次	2023年5月第1次印刷
印　　刷	廊坊市广阳区九洲印刷厂
书　　号	978-7-5650-6161-5
定　　价	38.00元

如果有影响阅读的印装质量问题，请与出版社营销与储运管理中心联系调换

前言 PREFACE

2016年12月7日，习近平总书记在全国高校思想政治工作会议上指出："社会实践、社会活动以及校内各类学生社团活动是学生的第二课堂，对拓展学生眼界和能力、充实学生社会体验和丰富学生生活十分有益。"高校第二课堂不仅是大学生课堂教学的扩展和延伸，而且是大学生思想政治教育的主要阵地，同时也是大学生综合素质与能力培养的重要载体。在全国高校思想政治工作会议上，习近平总书记也明确指出，高校应积极关注与开展第二课堂的发展。立德树人作为新时代高校人才培养的中心环节，高校第二课堂建设是落实其根本任务的重要路径。

共青团中央、教育部颁布的《高校共青团改革实施方案》和《关于在高校实施共青团"第二课堂成绩单"制度的意见》都对高校第二课堂建设提出了明确的要求。目前，高校第二课堂蓬勃发展，大多数高校建立了符合各自学校特点的第二课堂育人体系，并取得显著成效。但在探索与实践的过程中，仍存在培养目标不明确，活动项目不聚焦，保障机制不完善，学生参与不积极、重视程度不高，师资力量薄弱等一系列问题。针对以上问题，本书从"第二课堂+"出发，围绕"五育"并举，设计涵盖德育实践、创新创业教育实践、体育实践、美育实践、劳动教育5个板块，从概述、组织与管理、设计与开展三个方面展开具体阐述，并以闽江学院为例，系统阐述高校第二课堂学习模块的组织、设计与实施，把立德树人理念落到实处，全面贯彻党的教育方针，遵循教育规律，坚持改革创新，允分发挥第二课堂在高校教学工作中的辅助与支撑作用，真正做到适应社会需要，实现高素质复合型人才培养目标，培养德智体美劳全面发展的社会主义建设者和接班人。

编　者

目录 CONTENTS

第一章　绪　论 ……………………………………………………………… 1

第二章　高校第二课堂概述 ………………………………………………… 3

第三章　第二课堂+德育实践 ……………………………………………… 13
　　第一节　第二课堂+德育实践概述 …………………………………… 13
　　第二节　德育实践的组织与管理 ……………………………………… 14
　　第三节　德育实践的设计与开展 ……………………………………… 17

第四章　第二课堂+创新创业教育实践 …………………………………… 23
　　第一节　第二课堂+创新创业教育实践概述 ………………………… 23
　　第二节　创新创业教育实践的组织与管理 …………………………… 27
　　第三节　创新创业教育实践的设计与开展 …………………………… 29

第五章　第二课堂+体育实践 ……………………………………………… 37
　　第一节　第二课堂+体育实践概述 …………………………………… 37
　　第二节　体育实践的组织与管理 ……………………………………… 39
　　第三节　体育实践的设计与开展 ……………………………………… 40

第六章　第二课堂+美育实践 ……………………………………………… 51
　　第一节　第二课堂+美育实践概述 …………………………………… 51
　　第二节　美育实践的组织与管理 ……………………………………… 57
　　第三节　美育实践的设计与开展 ……………………………………… 60

第七章　第二课堂+劳动教育 ·· 65
第一节　第二课堂+劳动教育概述 ·· 65
第二节　劳动教育的组织与管理 ·· 66
第三节　劳动教育的设计与开展 ·· 67

第八章　第二课堂系统平台操作 ·· 80
第一节　第二课堂平台+教师PC端 ·· 80
第二节　第二课堂平台+教师微信端 ·· 99
第三节　第二课堂平台+学生微信端 ··· 111

第九章　第二课堂管理制度——以闽江学院为例 ································ 133
第一节　闽江学院深化第二课堂教学制度实施办法 ···························· 133
第二节　闽江学院深化第二课堂教育教学积分评定细则 ······················· 137
第三节　闽江学院第二课堂运行绩效考核办法 ·································· 146
第四节　第二课堂教育教学培养计划——以电子商务本科专业为例 ············ 148

第十章　第二课堂工作案例 ·· 152
第一节　第二课堂"金课" ··· 152
第二节　第二课堂"金课"工作案例——"税务精英训练营"典型案例 ·············· 154
第三节　第二课堂"金课"工作案例——"税务精英训练营"第二课堂实施概况 ····· 155

第一章 绪 论

随着我国高校素质教育的全面推进,作为第一课堂的有机补充,第二课堂受到越来越多的重视,现已成为一个广泛使用的概念。高校第二课堂是高校落实立德树人根本任务的重要阵地,承载着与第一课堂同等重要的育人功能和价值。它以提升大学生德、智、体、美、劳等方面的素质能力为目标,以文娱、体育、志愿服务、劳动等课外活动为主要教育方式。2016年,习近平总书记在全国高校思想政治工作会议上指出:"要重视和加强第二课堂建设,重视实践育人,坚持教育同生产劳动和社会实践相结合,广泛开展各类社会实践,让学生在亲身参与中认识国情、了解社会,受教育、长才干。"进入新时代,高校更加强调教育与学生自我教育的结合,强调理论教育与社会实践的结合,不断突显第二课堂在人才培养体系中的重要作用。第二课堂教育也逐渐成为高校实现人才培养目标的重要途径和开展大学生思想政治教育的重要载体。

高校第二课堂是高校人才培养体系中的主要组成部分,更是提升当代大学生综合素养的有效途径。提高学生的综合素质,培养具有创新精神和实践能力的学生是高等教育的任务。1999年,"大学生素质拓展计划"的提出表明了提高学生素质的重要性,同时也提高了对学校开展第二课堂的质量要求。但在很长一段时间里,高校第二课堂各类活动的热闹表象背后,是资源的低效利用、活动的粗放发展和人才培养的条块分割。在新时代背景下,高校第二课堂亟须实现自身的"供给侧结构性改革",以回应社会多元人才的需求及人才个性化成长的需要。2018年9月10日,习近平总书记在全国教育大会上强调,要坚持中国特色社会主义教育发展道路,培养德智体美劳全面发展的社会主义建设者和接班人。习近平总书记在党的十九届六中全会上深刻指出,"时代是出卷人,我们是答卷人"。新时代正推动高等教育人才培养理念与行动的更新。如何用实际行动回答好"培养新时代所需人才"这一时代命题,已成为高校回应党和国家重托、学生成才期待的关键之举,以及关涉高等教育综合改革和质量提升成败的重要问题。人们在研究教育科学技术的发展历史、教学方式的演变过程、人才成长规律的过程中,在进行教学改革的实践中,越来越认识到过去被称为"课外活动"的第二课堂对人才的培养具有不可取代的重要作用。此外,高校第二课堂对学生的成长也具有颇多影响,主要体现在以下几点。

第一,开展第二课堂活动,是培养社会需要、合格、全面人才的重要途径。第二课堂涉及面广，内容丰富，能开阔学生的视野，提高学生的综合能力。第一课堂在课程改革后，每节课的时间较原来有所缩短，教师普遍的感觉是要赶着完成教学任务，基本没有时间在课堂上进行知识拓展，培养学生素质。因此，第二课堂活动便有了广阔的发展空间。在第二课堂中，可以培养学生的演讲、写作技巧，提高其口语交际乃至人际交往的能力；可以培养其文艺、体育等特长，强化其专业实践技能；还可以通过培训提高学生各种国家认证类考试的过关率。第二课堂全面提升了学生的综合素质。

第二，开展第二课堂活动，是增强学生人生发展内驱力的有效措施。第二课堂活动能给学生一个展示其爱好、特长的机会，这符合素质教育的发展性要求。对于部分专业课程基础较差、找不到自信的学生，可通过第二课堂提供的舞台展示自己在文艺等方面的特长，从而找到自信，增强他们人生发展的内驱力，培养其对专业学习的兴趣。事实证明，通过第二课堂的特长训练，可以培养"问题学生"的自尊、自信、自强等优秀人格品质，从而实现转化"问题学生"的目的。同样，对于仅专业课程优秀的学生，也会由此看到自己能力的局限，促使他们通过积极参与第二课堂的学习，得到多方面的锻炼和提高。

第三，开展第二课堂活动，是高校德育工作的有效载体。实践证明，开展积极有益的高校第二课堂活动，在激发学生学习兴趣、发展学生个性、培养师生创新能力的同时，还能够丰富学生的校园文化生活，进而树立良好的学校形象。第二课堂活动是校园文化的一项核心内容，也是校园文化建设的重要标志。大学生爱好新奇、善于表现、富有参与意识的心理特点，需要在丰富的第二课堂活动中得到体现。学生的精神生活也会得到升华。

第四，开展第二课堂活动，是高校人才培养机制的有效动力。第二课堂是新时期高校人才培养模式的新探索、新实践，它以学生为主体，以培养和提升学生的综合素质和社会竞争力为工作目标，涵盖思想成长引领、校园文体活动、社会实践活动、创新创业竞赛、志愿公益服务、职业技能培训等多个领域，旨在多方位、多角度地引导学生全面发展，提升高校人才培养质量。因此，它是高校人才培养机制的有效动力。

第五，开展第二课堂活动，是高校人才培养能力评价的重要依据。新形势下，用人单位选人用人的标准更加多样化，在招聘过程中既看重专业方面的素质，也高度关注综合能力的表现。第二课堂是对大学生综合素质的量化考评过程。学生在毕业时，有一张既体现学习实践过程又有科学公正评价结果的第二课堂成绩单，将成为反映其综合素质的重要依据，同时也为学生的综合能力提供证明，为社会用人单位提供参考。

第六，开展第二课堂活动，是高校人才培养运行过程的教育融合。高校人才培养过程需要第一课堂与第二课堂的互通互融、相辅相成，二者都是必不可少的环节。新时期高等教育面对的教育对象呈现出多样化、个性化等特点，仅靠第一课堂的教育内容和方式已经不能满足学生需求。第二课堂可以很好地借鉴第一课堂的运行机制和模式，成为第一课堂和第二课堂之间有效融合的连接点。

第二章
高校第二课堂概述

一、高校第二课堂的概念

高校第二课堂是第一课堂之外的重要育人平台，也是对思政教育、校园文化、社会实践、志愿服务、创新创业等高校素质教育内容的统称。围绕高校立德树人的根本任务，通过工作内容、项目供给、评价机制等方面的系统设计和整合拓展，客观地记录、认证学生参与第二课堂活动的经历和成果，整合形成第二课堂成绩单，可作为学校人才培养评估、学生综合素质评价、社会单位选人用人的重要依据。

高校第二课堂是相对课堂教学而言的。如果把依据教材及教学大纲，在规定的教学时间内进行的课堂教学活动称为第一课堂，那么第二课堂就是指在第一课堂之外的时间进行的与第一课堂相关的教学活动。从教学内容上看，第二课堂源于教材又不限于教材；它无须考试，但又是素质教育不可缺少的部分。从形式上看，它生动活泼、丰富多彩。它的学习空间范围广：可以在教室，也可以在操场；可以在学校，也可以在社会、家庭中开展。

高校第二课堂是由大学生依据兴趣爱好自愿组成的学生组织，所以被认为是第一课堂之外的第二大育人载体。大学生社团活动之所以被认为是实施素质教育的重要途径和有效方式，其根本原因在于社团能够培养学生与人相处、与人合作的能力，这对提高学生综合素质、引导学生适应社会、促进学生成才就业，具有特别重要的意义。随着高等教育的改革和发展，大学生群体规模不断壮大，青年学生成长成才的渴望进一步增强。在这种形势下，大学生社团得到快速发展，呈现出积极、健康的态势，反映出当代大学生朝气蓬勃、积极向上的精神风貌。未来教育的四大支柱是教学生学会认知、学会做事、学会共同生活和学会生存。其中，与人相处、与人合作、与人共同生活，被看作是学会生存的重要前提。引导大学生转变以自我为中心的观念，学会与人相处，学会宽容和理解，不仅是高校思想政治工作的着力点，更应当成为大学生社团的发展目标和建设宗旨。

随着高校第二课堂内涵界定的不断明确以及高校创新学分、实践课程的陆续设置，越来越多的育人内容交融在第一课堂与第二课堂的同步实施中，两大课堂的关系也被重新定义。第一课堂主推共性教育，承担着让学生由"不知"转化为"知"的教育使命；第二课堂注重个性培养，承担着从"知"转化为"用"的教育使命。在两大课堂协同育人的作用下，每个学生在自身的成长中都能得到全面发展和能力提高。

> **知识链接**

高校第二课堂成绩单的建设内涵

高校第二课堂成绩单的建设内容包括五大体系，即课程项目体系、记录评价体系、数据信息体系、动态管理体系和价值应用体系。结合部分高校现行的第二课堂活动内容和制度，高校第二课堂成绩单可以从以下几个模块进行划分。

一、"思政学习"模块

立足对学生的思想教育和价值引领，引导学生铸就理想信念、掌握丰富知识、锤炼高尚品格，增强"四个意识"、坚定"四个自信"、做到"两个维护"，努力成为又红又专、德才兼备、全面发展的时代新人。此模块主要囊括理想信念教育、爱国主义教育、公民道德教育、素质教育等内容，可以记载学生参加政治引领类、价值引领类、文化引领类、道德引领类、行为引领类等活动的综合表现，如小班辅导、主题班会的综合成绩，参加网络平台思政学习、学院"一院一品"思政学习活动等经历，参加党团校等培训获得的相关荣誉情况。

二、"科技创新"模块

立足学生科技创新和科学研究兴趣与潜能的激发，培养学生创新精神、创业意识和创新创业能力。此模块可以记载学生参加由政府部门、学校或其他社会组织举办的、与学科专业教学关系紧密的课外科技竞赛活动成绩，学生创新创业训练计划项目获得的成绩，以及发表论文、获得知识产权、参加其他创新创业等活动的相关情况。

三、"体育健身"模块

立足实施体育固本工程，弘扬体育精神，塑造健康体魄，促进身心和谐，引导学生养成经常锻炼的良好习惯，培养学生敢于拼搏、不怕苦累的意志品质和团队合作精神。此模块可以记载学生参加体质健康测试、各级各类体育竞赛及实践获得的成绩情况，以及学生根据身体需要持续进行的各类日常体育锻炼等情况。

四、"创业活动"模块

立足"双创"育人，培养学生的创业意识、创新精神和创新能力，让学生敢于创新创业，掌握创业知识与技能，落实创业带动就业的基本要求。此模块可以记载学生在校期间参加创业活动的经历（在校创业、休学创业的经历等），学生入驻校级及以上创业孵化中心、注册公司情况，参加各级学生创业大赛的成绩，以及获得的相关荣誉等。

五、"公益服务"模块

立足倡导"奉献、友爱、互助、进步"的志愿精神，继承和发扬中华民族的传统美德，提高学生的奉献意识和服务精神，以实际行动改善社会风气，促进社会和谐。此模块可以记载学生参加各类公益劳动、支教助残、社区服务等志愿公益活动的经历及活动时长，参加大型志愿服务活动经历等情况，以及公益服务类荣誉表彰情况。

六、"社会实践"模块

立足培养学生的合作精神、社会责任感、社会适应能力。引导学生深入社会、了解社会，弥补学校理论教育的不足。此模块可以记载学生参加考察调查类、公共服务类、职业发展类社会实践活动的经历，专业相关的生产实践活动，以及获得的相关荣誉情况。

七、"文艺活动"模块

立足实施美育提升工程，提高大学生的艺术审美素养和文化素质，依托校园文化品牌、原创文化产品等，推选展示一批高校校园文化建设优秀成果，把高校建设成社会主义精神文明高地。此模块可以记载学生参加各级各类文化、艺术等活动的经历（文艺会演、文艺竞赛、讲座、文艺欣赏、文艺课程等），以及获得的相关荣誉情况。

八、"社团活动"模块

立足活跃学校气氛，围绕兴趣爱好和能力提升，鼓励学生积极参与或组织健康有益的学生社团，丰富学生的课余生活。此模块可以记载学生作为主要成员参与学校或学院审批的各类社团活动经历、社团年度工作考核情况、负责的社团工作所获得的荣誉表彰情况等。

九、"技能项目"模块

立足学生通用技能的普遍性掌握与专业技能的针对性掌握，提高学生的核心素质与技能竞争力。此模块可以记载学生获得的各级各类专业机构（部门）颁发的资格证书或职业技能证书情况，以及学生个人学习的专业类特长和自我培养的兴趣类特长等。

二、高校第二课堂的基本原则

高校第二课堂旨在培养学生的创新精神、实践能力，发展学生的个性，强调学生独立学习和主动应用知识的能力，培养学生的核心素养。其基本原则包括以下5个方面。

（一）实用性与创造性相结合原则

高校第二课堂活动重在培养学生的综合能力，让学生在活动中多动脑、多思考；注重教师对学生的引导，鼓励学生勇于实践，大胆创新、独立思考，培养观察问题、思考问题、解决问题的能力。同时，加强高校第二课堂活动建设，不仅是高校人才培养的有效手段和载体，也是实现高校人才培养目标不可或缺的途径。

（二）自力更生与定向相结合原则

对于学生喜欢的内容，他们自身有将所学知识应用于实际的强烈需求。因此，学校要精心安排活动，并有目的、有计划地引导学生自主学习，让学生学有所成，学到一些实际的东西。

（三）兴趣与效益相结合原则

第二课堂活动要让学生产生兴趣，并重视发展学生智力，提高学生能力和素质，培养学生热爱学习、自觉学习、乐于学习的良好习惯。通过第二课堂活动的深入开展，我们可以体会到它产生的效益已不单是丰富学生业余生活、填补学生的精神空白，而是以它丰富的内容、多样的形式促进学生德智体美劳的全面发展。

（四）参与意识与竞争意识相结合原则

学生在第二课堂活动上要有积极参与和竞争的意识，这就要求学校对活动内容进行合理化和创新性设计，让学生在第二课堂活动中感受到周到、有趣、快乐和有益。

（五）安全责任原则

学校要制订第二课堂活动安全计划，以确保活动安全；实行点名制度；在活动期间不随意增减学生，以保证队伍的稳定性。

三、高校第二课堂教育的探索与发展

近年来，高校第二课堂作为全面提高大学生素质教育的主要阵地，已得到全国高校的积极响应，部分高校的第二课堂育人机制已建立，育人成效已初步彰显。

（一）第二课堂教育的探索式发展

我国高等教育体制改革创新从中华人民共和国成立后便被提上日程。1949年12月，第一次全国教育大会决定建立人民教育事业。1950年，教育部在《关于高等学校政治课教学方针、组织与方法的几项原则》中将大学生社会实践活动正式纳入教学计划。党和国家领导人更是非常重视包括体育运动在内的第二课堂教育。1952年，毛泽东亲笔题词"发展体育运动，增强人民体质"。1954年，政务院批准颁布《准备劳动与卫国体育制度暂行条例和项目标准》。同时，中央人民政府体育运动委员会（现已改组为国家体育总局）等部门联合发出《关于在中等以上学校中开展群众性体育运动的联合指示》，掀起了全国中学和大学群众性体育活动的热潮。1957年，毛泽东提出："我们的教育方针，应该使受教育者在德育、智育、体育几方面都得到发展，成为有社会主义觉悟的有文化的劳动者。"1958年，《中共中央、国务院关于教育工作的指示》中提出："教育与生产劳动相结合。"劳动教育正式在中国的教育方针中有了一席之地，勤工俭学开始盛行。同样地，青年学生积极投身于学工、学农、学军的实践活动，在劳动中与工农群众打成一片，加深了感情，磨炼了意志，培养了较好的政治思想素质，增强了业务工作能力，这些都是第二课堂的基本形态。第二课堂正是在这样不断的探索中发展起来的。

（二）第二课堂教育的快速化推进

真正意义上对高校第二课堂的重视，是从改革开放后开始的。1978 年，《实践是检验真理的唯一标准》发表，"实践"再一次被推上了新的高度。1980 年，教育部、共青团中央印发的《关于加强高等学校学生思想政治工作的意见》中提出，"要开展丰富多彩的有感染力的内容健康的课外活动，包括举办讨论会、专题报告会、讲座以及文娱、体育活动，以利于培养学生高尚的情操和广泛的知识兴趣"。1983 年，教育部发出通知，要求通过举行以爱国主义为主题的班会、团日、讲座、报告会、征文、演讲比赛、读书活动、歌咏活动、社会调查等丰富多彩的课外活动进行爱国主义教育。同年，共青团中央、全国学联组织全国高校学生开展"社会实践周"活动。1984 年，中共中央宣传部、教育部发布《关于高等学校学生参加生产劳动的若干规定》，要求各高校逐步建立固定的社会实践和生产基地，鼓励学生参加工业劳动、农业劳动和公益劳动。1987 年，中共中央印发《关于改进和加强高等学校思想政治工作的决定》，要求高校根据不同学科、不同年级的特点，采取不同的内容和方法组织学生参加社会实践。同年，国家教育委员会、共青团中央发布《关于广泛组织高等学校学生参加社会实践活动的意见》。1989 年，首届"挑战杯"全国大学生课外学术科技作品竞赛在清华大学成功举办，在全国高校中掀起了一轮创新创业热潮。1994 年，中国青年志愿者协会成立。1996 年 12 月，中共中央宣传部等十部委联合印发《关于开展文化科技卫生"三下乡"活动的通知》，并从 1997 年实施至今，全国数百万大中专学生奔赴农村一线，在实践中受教育、长才干、做贡献……第二课堂在培养学生创新能力、素质发展、激发潜能、塑造人格等方面的作用日渐凸显，并逐渐成为学生素质教育和思想政治教育的有效途径。

（三）第二课堂教育的体系化构建

改革开放以来，虽然第二课堂建设取得了显著成效，但其仍存在一些薄弱环节，如内容形式单一、方式方法不多、资源平台不强，一些高校对第二课堂育人作用重视不够、措施不力、办法不多，高校第二课堂育人体制机制尚未建立等。2004 年，《中共中央国务院关于进一步加强和改进大学生思想政治教育的意见》对高等学校深入开展社会实践、大力建设校园文化、开展丰富多彩的网络思政教育和心理健康教育等进行了详细规定，成为第二课堂教育开展的重要依据。同年，教育部、共青团中央印发《关于加强和改进高等学校校园文化建设的意见》，强调要"把德育与智育、体育、美育有机结合起来，寓教育于文化活动之中，促进大学生思想道德素质、科学文化素质和健康素质协调发展"；"规划、建设好大学生文艺、体育、科技活动场所，完善校园文化活动设施，各高等学校都要创造条件建设大学生活动中心，为开展校园文化活动提供必要的场地和条件"。2005 年，中共中央宣传部等四部委联合印发《关于进一步加强和改进大学生社会实践的意见》，进一步阐明了大学生参加社会实践对了解社会、认识国情、增长才干、奉献社会、锻炼毅力、培养品格的重要意义。同年，《关于加强和改进大学生社团工作的意见》《关于进一步加强和改进高等学校共青团建设的意见》《关于进一步加强和改进大学生心理健康教育的意见》等一系列文件先后出台。自此以后，我国高校开始探索形式多样的第二课堂活动载体，以稳定的实践基地为依托，以建立长效机制为保障，体系化构建第二课堂教育管理机制，逐步建立起集教学实践、专业实习、军政训练、社会调查、生产劳动、公益服务、科技发明和勤工助学于一体的第二课堂实践体系。

（四）第二课堂教育的制度化完善

2016年，共青团中央、教育部联合印发《高校共青团改革实施方案》，针对学生就业创业和创新创造实践、身体心理情感、志愿公益和社会参与等普遍需求，借鉴第一课堂的做法，普遍推行高校共青团"第二课堂成绩单"制度，开启了第二课堂教育的制度化建设之路。同年，共青团中央在《高校共青团"第二课堂成绩单"制度试点工作实施办法》中进一步明确了"第二课堂成绩单"的实施方案，并选出浙江大学等36所高校作为试点，重点围绕课程项目体系、记录评价体系、数据管理体系、工作运行体系4个方面，探索实施"第二课堂成绩单"制度。2016年12月，习近平总书记在全国高校思想政治工作会议上作出"要重视和加强第二课堂建设"的重要指示。2017年2月，中共中央、国务院印发《关于加强和改进新形势下高校思想政治工作的意见》，为高校推进第二课堂改革提供了基本遵循。同年12月，中共教育部党组印发《高校思想政治工作质量提升工程实施纲要》，提出要充分发挥课程、科研、实践、文化、网络、心理、管理、服务、资助、组织等方面工作的育人功能，切实构建"十大"育人体系，为第二课堂的体系化、制度化建设提供政策依据。2018年，共青团中央、教育部联合印发《关于在高校实施共青团"第二课堂成绩单"制度的意见》，对第二课堂成绩的总体要求、主要内容、工作要求等作了更加明确的规定。第二课堂认定正式进入立体化的建设推广实施阶段，全国高校也掀起了第二课堂的建设热潮，其中部分高校已经探索了第二课堂教育的有效机制和运行模式：有的高校对第二课堂活动采用"学分制"进行认定管理，并将学生取得的第二课堂学分并入第一课堂成绩单；有的高校采用"五星"评价模式，分模块对学生进行成绩核定，定量评估学生参加第二课堂活动的成绩，并将其作为学生毕业的基本条件。国内高校纷纷利用新媒体手段，开发第二课堂信息化管理系统，初步实现了活动分类发布、学生自主报名、过程动态监控、成果实时认定的全过程、一体化构建。在国内高校第二课堂活动的项目化管理实践中，各模块培养目标、项目内容和评价标准进一步细化，学生的自发学习、自主实践、自我提升的内生动力得到激发，并形成了系列典型案例。

四、高校第二课堂的实践价值

当前，在共青团中央致力于改革的大趋势下，第二课堂作为推进高校人才培养改革的重点项目和创新举措，是适应高校综合改革潮流的"牛鼻子"，是优化高校工作理念、推动工作创新的"发动机"，是引领大学生发挥重要作用的"指挥棒"，是直接引导大学生获得社会认可的"通行证"。其实践价值体现在以下2个方面。

（一）落实立德树人根本任务的客观要求

习近平总书记在全国高校思想政治工作会议上强调，要更加注重以文化人、以文育人，广泛开展文明校园创建，开展形式多样、健康向上、格调高雅的校园文化活动，广泛开展各类社会实践。这体现了党中央对高校第二课堂建设的高度重视,为高校继续深化第二课堂建设提供了根本遵循,指明了方向。中共中央、国务院印发的《中长期青年发展规划(2016—2025年)》指出,要"提高学校育人质量",强调要"科学设计开展实践育人活动,通过探索实施高校共青团'第二课堂成绩单'制度等途径,帮助学生开阔视野、了解社会、提升综合素质"。2015年,由中共中央宣传部、教育部联合印发的《普通高校思想政治理论课建设体系创新计划》中提出,"坚持课堂教学与日常教育相结合,积极拓展思想理论教育渠道,创新发挥第二课堂的教育作用"。因此,高校应提高政治站位,自觉站在落实立德树人根本任务的高度,进一步提升第二课堂育人实效。

第二课堂因其内容的丰富性、形式的多样性、时空的开放性、参与的主动性、效果的全面性,在人才培养过程中与第一课堂一样发挥着极为重要的作用。例如,《华盛顿协议》的工程教育标准体系中对毕业生提出了12项素质要求,通过对这12项素质进行分析可以发现,第一课堂可以直接或者间接培养其中的9项,而第二课堂可以直接或者间接培养其中的8项。因此,只有充分推进第一课堂与第二课堂的协同联动,才能切实提高人才培养质量。

(二)满足学生成长需求的题中之义

美国心理学家马斯洛提出的需求层次理论,将人类需求从低到高按层次分为5种,即生理需求、安全需求、社交需求、尊重需求和自我实现需求。大学生正处于人生发展的关键时期,各类需求呈现出多元多向、交融交织、变化较快等特点。基于大学生的多样诉求,仅仅依靠在规定教学时间里进行的教学活动远远不能满足他们发展兴趣、交流交友、提升能力的各种要求,更不能满足不同学龄、不同专业、不同特长的大学生有倾向性发展自我的强烈需求,而第二课堂则为其提供了宽广的空间、灵活的时间、多样的内容、丰富的形式、个性的团体,成为大学生发展个性、增进交往、开阔视野、提升素质的重要选择。

拓展阅读

高校第二课堂活动方案

案例一

一、活动主题

团结、合作、信任。

二、活动意义

(1)走出课堂教条式的教育,通过户外游戏,培养同学们的团体协助意识,提高他们的集体荣誉感。

(2)在活动的过程营造轻松、愉悦的氛围,给同学们提供更多的交流机会,增进同学之间的了解,以便在以后的学习生活中更好地发挥团队精神,把班级建设得更好!

三、活动流程

（1）班主任做活动目的介绍，将全体学生进行分组，各组选出一名组长。

（2）各组集合在一起，班主任简单介绍游戏流程。

（3）进行第一个游戏"我信任你"。游戏结束后，大家围坐在一起，交流刚才游戏的体验和在学习、生活中对"信任"的理解。

（4）进行第二个游戏"解手结，化心结"，之后进行第三个游戏"分工不分家"。第三个游戏结束后，大家第二次围坐在一起，交流刚才游戏的体验和心得，并谈谈对班级建设的看法和建议。

（5）进行第四个游戏"找东西"。游戏结束后，大家第三次围坐在一起，交流刚才游戏的体验和在学习、生活中对团结力量与合作精神的看法。

（6）进行第五个游戏"屈指可数"。全班共同完成。

（7）各组派代表简单汇报组内成员的游戏心得，最后班主任做总结。

四、游戏规则

（一）游戏"我信任你"

戴眼罩行走，两人一组，各组之间进行比赛。每个阶段看哪一组最先到达目的地。

第一阶段：一人戴眼罩行走，另一人手牵手，可以使用肢体提示，但不能使用语言提示。

第二阶段：一人戴眼罩行走，另一人在其左右，但不能有身体接触，也不能使用语言提示。

第三阶段：一人戴眼罩行走，另一人与其保持一定距离，不能使用语言提示。

游戏说明：领导行为、观点的连续性、一致性，保持沟通，是信任建立的根本保障；手把手教—引导—建立信任，授权，同时不断给予指导。

（二）游戏"解手结，化心结"

每组成员（人数为双数）围成一个圈，每个人的左、右手分别握住不同的人的其中一只手（左手握住别人的右手）。当每个成员双手都握住其他人的手后，开始寻找路径解开"手结"，但在这个过程中握着的手不能松开。最终解开"手结"后，大家是手牵着手围成一个圈，可能会出现面部背向圆心的情况。可以进行几个小组之间的比赛，看哪组解得最快。

游戏说明：这个游戏主要考察同组成员的耐心以及成员之间的配合。

（三）游戏"分工不分家"

每组至少6人，分别抽取写有"左手""右手""左脚""右脚""嘴巴""屁股"的纸条。抽到"左手"的表示只能使用左手，抽到"右手"的表示只能使用右手，抽到"左脚"的表示只能使用左脚，抽到"右脚"的表示只能使用右脚，抽到"嘴巴"的表示只能使用嘴巴，抽到"屁股"的表示只能使用屁股。

具体分工："左手""右手"拿气球让"嘴巴"吹气，气球变大后，"左手""右手"把气球绑起来，然后"左手"或"右手"拿起气球放到地上，让"左脚""右脚"将气球夹住，最后"屁股"把气球压爆。看看哪一组在5分钟内压爆的气球最多。

游戏说明：气球的大小要适当，吹得太大会浪费时间，但也不能太小，以免出现气球压不爆的情况。这是一项缺少任何一个成员都完成不了的任务。

(四)游戏"找东西"

每组5人以上,每组发1个袋子。在限定的场所中,寻找26个物品,每个物品名称的首字的开头字母必须是26个英文字母中的一个,不能重复。然后按顺序排列起来。看哪一组最先完成。

游戏说明:一个人是完成不了这项任务的,借着找东西可以培养各组的团队精神。

(五)游戏"屈指可数"

全体学生围成一个圈慢跑,班主任在圈内。当班主任吹响哨子并喊出一个数字时,如"8"时,需要有8人马上聚成一组,凑不足或超过8人的同学要为大家共同表演一个小节目。

案例二

一、活动目的

调节学生的学习生活,巩固语文课堂知识,丰富学生的课外生活,训练学生对语文学科技能的综合运用,调动学生对语文学习的兴趣,增加学生的思维角度,提高学生参与第二课堂学习的积极性,营造充满活力、团结向上的班风和学风。

二、活动形式

以第二课堂模式在班里所有同学之间展开,具体时间和地点可根据活动内容灵活选取。

三、活动原则

全班学生参加,活动内容可操作性强,形式丰富多彩,以学生为参与主体,教师发挥旁引作用。

四、活动流程

(一)活动前奏

在第二课堂开始之前的准备工作主要包括:

(1)积极与指导教师沟通,就拟好的方案进行商量考虑,可根据具体情况做必要的修改,一旦通过,就确定好活动时间。

(2)由同学毛遂自荐,或同学推选,或班主任推荐,选出男女主持人各1名,并让主持人熟悉整个活动流程。

(3)由生活委员准备活动过程中所需要的道具和其他用品,如纸牌、奖状。

(4)全班分为4组,每组选出1个组长,组长可以先引导组员积极准备活动中所需具备的相关内容。

(二)活动主旋律

1.名句大串烧

(1)这是必答环节,每组有4道题,题目内容来自小初高所学名篇及课外积累,答题内容为对这些名篇的理解和回顾。

(2)根据主持人提示的内容进行回答,每题5分。每组在答题时该组组员可自由举手回答。

2.抗干扰记忆王

(1)此环节也是必答,每组最多有4道题,题目内容来自各学科中常见的名词或术语。

11

（2）由2名主持人配合，男主持人从准备好的纸箱中每次随机抽取7张写有名词或术语的卡片，按顺序以慢速显示给挑战者（挑战者由每组组员推选）看，只有1次机会。女主持人趁机向挑战者提出各种小问题进行干扰，挑战者要一边答题一边默记下卡片上的内容，而且对于女主持人的问题要知无不言，最后按顺序复述7张卡片的文字。

（3）每题5分。复述正确的按数量相应加分，错误的不扣分。

3.字谜猜猜猜

（1）此环节为抢答环节，共9道题，需参与者利用一些语文的基本常识和技巧进行猜字。

（2）各组分别推选3名代表，为了维持正常的比赛秩序，可指定其中1名同学负责举牌抢答。在主持人说"开始"后方可举牌抢题，违者第一次予以警告，从第二次起，每次扣5分。抢到题后，先由小组的3名代表回答。如果回答错误，有2种解决方法：①可向组员求助1次，组员答对1题得5分，若答案错误，则每题扣除5分；②也可按规定次序给下一组回答，即第一组给第二组，依次循环下去（第四组给第一组），只有1次机会，答对加分，答错减分。

4.成语游击战

（1）各组选派1名代表抽签，抽中卡片上的成语作为本组的"成语炮弹"。

（2）按小组编号进行，即第一组先将自己的"成语炮弹"打出，后面的3个小组分别要以前一组成语中的最后一个字或者与这个字读音完全相同的字为开头"抛出"一个新的成语，依次循环接答，一直延续到某组不能接应上或者出现重复为止，这个小组将被扣除5分。

5.主题接力棒

（1）各组选派1名代表抽签，抽中的卡片上写有1个主题词，代表将抽到的主题词写在黑板上，这个环节将围绕各自的主题词展开。

（2）主持人宣布活动开始后，各组成员可主动上台写出与主题词相关的信息，但不能重复。

（3）按照由主持人统计的各组写出的信息数量，从多到少给小组分别加20分、15分、10分和5分。

（三）活动尾篇

（1）工作人员将4个小组在5个环节中所得的分数进行汇总，由主持人宣布各组的具体得分，并依据分数从多到少分别奖励各小组以一、二、三、四等奖。

（2）由班主任对各组及整个活动进行点评，并为全班同学总结在5个环节中顺利得分的"秘技"。

（3）由主持人倡导全班同学写一份活动感言，以总结在活动中的收获或反思自己的不足之处，并宣告本次兴趣课堂活动的圆满结束。

第三章 第二课堂＋德育实践

广义上，德育是指所有有目的、有计划地对社会成员在政治、思想与道德等方面施加影响的活动，包括社会德育、社区德育、学校德育和家庭德育等方面。狭义上，德育专指学校德育。学校德育是指教育者按照一定的社会或阶级要求，有目的、有计划、有系统地对受教育者施加思想、政治和道德等方面的影响，并通过受教育者积极的认识、体验与践行，使其形成一定社会与阶级所需要的品德的教育活动，即教育者有目的地培养受教育者品德的活动。暑期社会实践是高校学生德育教育、素质教育拓展的重要途径，能够积极推动学生的成长、成才。以授课为主的第一课堂为基础打造的教学第二课堂，应该成为学生提高综合素质的有效途径。

第一节　第二课堂＋德育实践概述

一、第二课堂＋德育实践的概念

理解第二课堂德育实践的含义，对融入第二课堂德育实践活动有着积极的作用。德育教育是对学生进行思想、政治、道德、法律和心理健康的教育，它是学校教育工作的重要组成部分，对学生健康成长、成才和学校工作具有重要的导向、动力和保证作用，学校必须把德育工作摆在素质教育的首要位置。第二课堂是相对于第一课堂而言的，随着全员全过程全方位育人教育理念深入人心，思想政治教育和专业课程教育已经从单纯的理论教育向综合能力教育转变。第二课堂所塑造的实践育人氛围，是综合素质形成和发展的重要环境，具有第一课堂不可替代的作用。新形势下，社会思潮涌动、多元文化冲击，对大学生的理想信念教育提出了更高的要求，也为第二课堂思政育人的建设和创新提供了新的发展契机。

二、第二课堂＋德育实践的特征

第二课堂德育实践，作为高校学生思想政治教育的重要组成部分，具有鲜明的时代特征。首先是学习主题的多元性。在第二课堂德育实践中，主题涵盖十分广泛，既可以是承担第二课堂指导任务的任课教师群体，也可以是肩负学校"三全育人"使命的各类员工，还可以是社会各界的专家学者、名人名师。此外，作为学生群体本身，在特定的环境下也可以成为第二课堂德育实践的主体。

其次是学习途径的创新性。随着时代的发展进步，依托丰富的物质资源，第二课堂德育实践的方法、模式、设施等不断推陈出新，从单一的灌输到更加注重双向的交流，从显性的教育到更加注重隐性的感知，掌上化网络学习、融媒体交流互动、共享化资源互通、典型性朋辈引领、启发式体悟实践、积分制成果累积、成长式档案记录等，都为有虚有实、有棱有角、有情有义的第二课堂德育实践提供了创新路径。在第二课堂德育实践的基础上，广大学生可以通过学习思政慕课、名家网文、经典短片等获取及时性的学习内容。

最后是学习环境的支持性。党的十八大以来，以习近平同志为核心的党中央高度重视青年工作，尤其是青年的思想政治工作。全国高校思想政治工作会议、全国教育大会、学校思政课教师座谈会相继召开，为青年的思想政治工作建立了强有力的社会支持系统。2018年7月，共青团中央、教育部联合印发《关于在高校实施共青团"第二课堂成绩单"制度的意见》，为在全国高校推广实施"第二课堂成绩单"制度提供了有力的制度支撑。思政学习作为"第二课堂成绩单"的重要组成部分，受到各高校的高度重视。

三、第二课堂+德育实践的重要性

2012年1月，教育部等七部委联合发布了《关于进一步加强高校实践育人工作的若干意见》，从宏观上进一步明确了高校实践育人，也就是第二课堂德育工作的重要性，统筹推进了高校实践育人的各项举措。高校第二课堂是以大学生在校内外进行实践活动为主，它区别于学生在教室内进行学科知识学习的第一课堂，各种各样的实践活动都是对学生进行德育教育的第二课堂，它对于促进学生认识社会、了解国情、增长才干、奉献社会具有不可替代的作用。

发挥第二课堂的德育功效是促进道德要求转化为学生自身品德的重要途径。实践活动是促进德育影响转化为学生品德的基础，学生在进行社会交往与协作的过程中，一方面要履行社会集体或指导教师提出的道德规范与要求；另一方面学生自己也会产生遵守道德规范、评价和调节人际关系及个人行为的自身要求。学生在这种实践活动中，逐渐会形成相应的优秀品德，培养自身一定的道德能力。学生在道德形成过程中要完成由"知"到"信"、从"信"到"行"的两次转变，因此道德实践环节必不可少。

第二节 德育实践的组织与管理

一、组织建设

（一）学生社团成员权利

学生有权按照任何一个社团的章程自由加入或退出该社团，社团内部成员在享有权利和履行义务方面一律平等。学生社团成员有权了解所在社团的章程、组织机构和财务制度，对社团的管理和活动提出建议和质询。学生社团负责人有违反该社团条例的有关规定和学校纪律，损害成员利益的，社团成员有权向院团委反映情况。学生社团成员应当接受所属社团的定期注册。学生社团成员有选举权和被选举权，有按照章程担任社团职务的权利，并承担相应义务。学生社团成员应当积极参加社团的各项活动，并有权对社团建设和发展提出建议，对社团发展过程中出现的问题提出批评。

（二）学生社团全体成员大会

拟批准成立的学生社团要召开全体成员大会或成员代表大会，通过社团章程，选举产生社团执行机构和负责人候选人。已注册的学生社团要定期召开全体成员大会或成员代表大会，依照社团章程行使职权，包括选举和更换社团负责人候选人，审议社团工作报告，对社团变更、解散等事项做出决定，修改社团章程，监督社团财务及活动开展情况等。

（三）学生社团骨干遴选

学生社团负责人候选人必须政治立场鲜明、学习成绩优秀、组织能力突出；学习成绩综合排名须在班级前50%以内。学生社团负责人由校团委在党委学生工作部门的指导下，通过提名推荐、公开选举、考察公示、审核批准等环节遴选产生。思想政治类社团和志愿公益类社团的主要负责人应为中共党员。各部门负责人由学生社团在指导教师的指导下遴选产生，名单上报校团委备案。在校期间受到校纪校规处分的，曾因违反有关规定被撤销社团职务的，对社团被宣布解散或注销应当承担主要责任的学生不得再担任社团负责人。

二、管理办法

（一）目标定位

以与职业岗位胜任特质相契合作为制定第二课堂活动目标的原则。纳入人才培养方案的素质教育第二课堂活动是教学的一部分，是人才培养过程中的重要环节。第二课堂活动目标定位与产业人才需求衔接，与职业要求的胜任特质契合，与专业人才培养方案目标融合，有利于提升人才培养质量。高校应秉持文化育人理念，举办能够满足学生参与的课外活动，鼓励学生参加第二课堂德育实践活动。在第二课堂德育实践的具体活动中，可以通过各类活动设立学生专业社团，来搭建第二课堂的育人平台。

（二）建设模式

以突出职业性的校园文化育人模式创新第二课堂教育活动。高校学生进校伊始就在一定程度上选定了职业方向，学生以社会职业岗位(群)的需求为依据，确立自己的职业理想、职业规划、职业价值观、职业道德、职业规范和职业技能。职业性是现代职业教育区别于普通高等教育的核心因素，是其得以发展的个性体现。第二课堂活动与突出职业性的校园文化结合，建立

"实用"的校园文化基调，使教育固有的道德规范与职业教育的本色和谐统一，更清晰、具体、有针对性地实现人才培养目标，第二课堂活动也会更有操作性、创新性。在这种教育模式下产生的必定是更为实用的学习目标和行为方式。

（三）管理机制

以改革创新体制机制建立第二课堂活动保障。为保障学生素质教育的顺利开展，需要根据各校实际进行保障制度机制的设计和规划。学校应以制度形式规定教务处、学生工作处和团委的职能分工，建设一支以校内专业导师、校外职业发展导师、思想政治辅导员和共青团干部为主体的师资队伍，并明确各自在第二课堂活动中的具体职责。出台指导各专业修订人才培养方案的原则性意见，其中应将学生参加素质教育第二课堂列为大学生的"必修课"，作为素质教育第二课堂活动内容，应做到内容模块化，以计入素质学分，实现评价的科学化。各系可以成立学生素质教育第二课堂学分认证中心，结合专业特色，合理规划和指导学生修学第二课堂，以及负责本系学生第二课堂活动的审核、认证、管理等工作。

（四）考核手段

以重视过程性评价创新第二课堂活动考核手段。考核评价是管理中的重要环节，学生第二课堂学习效果的考核评价，不是最终给学生下个结论，而是比关注结果更关注过程的考核评价，发挥过程性评价的导向性作用。评价的功能主要在于及时反映学生在活动中的情况，促使学生对学习锻炼的过程进行积极反思和总结。建立切合学校第二课堂活动实际的动态考核评价体系，使学生能够积极参与活动。在探索第二课堂活动过程中，可以研制一本《学生成长手册》，将其作为学生创新学分的考核依据，要求学生每参加完成一项活动后，在手册中贴出参加活动的一张现场照片作为考核的参考依据。学生可以在手册中填写学习反思，回答三个方面问题：一是服务内容，包括"我今天做了什么""看见了什么""听到了什么""解决了什么"，以及参与成员的反应、对重要事件的处理等；二是学习要点，包括"我的所做所见带给我什么感想与思考""我学习到了什么""它对我有什么意义""活动过程中，我发现了什么新问题""解答方式、过程及结果是什么"等；三是反思检讨，包括"这些经验对自我认知有什么改变""我能做什么"等。学生每学期根据参加活动的实际情况填写成长手册，并须取得指导教师或辅导员的鉴定签名。在每学期末进行认证，先审核、确认手册记录的真实性和完整性后，再录入相应学分。如果学生在本学期没有完成某项内容，则下一个学期需要"重修"。如此设计手册的目的在于方便掌握学生参与活动的实际情况，让学生在活动后学会思考，记录学生的成长轨迹。

三、管理启示

开展第二课堂活动是高校学生素质教育培养最基本的有效途径。基于职业人才培养要求，应将第二课堂活动管理纳入人才培养方案的整体设计中，明确建设目标和要求，做好顶层设计和规划，使活动有计划、指导有方向、实施有实效。

从根本上来说，第二课堂活动是一种隐性教育手段。目前高校的教育手段往往沿袭传统的显性教育方式，忽视了隐性教育手段。要积极发挥显性教育与隐性教育的优势互补作用，做到目标定位有特色，建设模式、管理机制、考核手段有创新的"一特三新"，并以此为第二课堂活动的管理提供支持，使第二课堂教育收到较好的教育效果，实现显性教育与隐性教育的优势互补。

要建立科学规范且人性化的考核机制，除了要做到"管理有据、管理有效、评价科学、师生诚服"之外，还需要付出更多的努力。

第三节　德育实践的设计与开展

在当前形势下，各高校均已注重学生的情感体验和道德实践，在教学中不断创造条件，促进学生的道德践行，丰富学生的情感体验，感悟和理解社会的思想道德价值要求，使他们逐步形成正确的道德观和良好行为习惯。

一、制度要求

在开展第二课堂活动中，不仅要规范活动内容，还需要严密的组织领导、明确的职责分工及建立与之相适应的规章制度，这样才能有效地扭转和克服课程设置较满、自习时间相对较少等原因造成的第二课堂活动难以保证的现象，达到"人人参与，个个体验"的群众性教学效果，使第二课堂活动落到实处。

（一）模拟书记岗前培训制度

第二课堂活动开始时，为帮助学生熟悉支部书记的工作情况，可建立模拟书记岗前培训制度。实施时，干部负责，将各模拟支部书记集中在一起，讲授党支部基本工作方法和步骤，如怎样召开支委会、如何写好一份请示等内容。通过岗前培训制度，使学生对上岗后开展工作有初步准备。

（二）学生体会交流制度

将学生的成功经验或失败教训通过体会交流的形式表达出来，以促进大家共同提高，实现集体受益的目的。每次活动结束后，要求几名学生分享自己的切身体会，并与其他学生相互交流。

（三）集体会诊制度

随着第二课堂活动的广泛开展，会遇到一些学生普遍关心的热点、难点问题。这时应采取集体会诊制度，调动大家的积极性，开拓学生的思路。通过集体会诊，可以对问题进行深入剖析和研究，这样往往可以找出解决问题的最佳方法，从而提高学生分析问题、解决问题的能力。实施时，需要请指导员进行现场指导，并作总结发言；干部要进行启发式提问。

二、开展原则

高校学生开展德育实践是为了让学生接受教育、增长才干，从而为社会做出贡献。为了达到这一目的，在开展德育实践活动过程中需要遵循以下几个原则。

（一）以生为本原则

以学生为本这一原则是整个德育实践过程的灵魂所在。坚持此原则，可以激发学生自身的潜能，提高学生的专业水平和道德素质。在开展德育实践过程中，德育工作者应站在学生的角度去分析、解决问题，尊重和保障学生的主体地位，维护学生的各种权利。此外，坚持以学生为本的原则，还要求在德育实践过程中充分调动学生的创造性和积极性，在实践中促进学生全面发展。高校还要根据学生的不同情况，有针对性地教育，让学生自愿且积极地投入德育实践中去。

（二）客观性原则

客观性原则，是指德育实践活动要根据学校的具体实际、学生的具体实际、社会的客观实际，尽可能地发挥各方面的优势，使德育实践获得成效最大化。

首先，德育实践要从学校的具体实际出发。学校是培养人才的重要基地，各个学校的实际情况都不尽相同，其中，在师资力量、规模层次、专业设置、地理位置等方面都各不相同。因此，在开展德育实践时，一定要从各个学校的具体实际出发，不能搞一刀切，追求千篇一律。有的学院资金力量雄厚，可以组织学生去有典型教育意义的地区开展活动；有的学院经费不宽裕，应该鼓励学生就近开展德育实践活动。总之，高校要从本校的客观实际出发，运用有利的条件，合理确定德育实践的具体计划，使德育实践获得良好的成效。

其次，德育实践要从学生的具体实际出发。德育实践的基本功能，就是让学生亲身参与实践，在实践中得到锻炼，学到书本以外的知识，提高他们将来适应社会的能力。学生的德育专业知识还比较缺乏，动手能力不强，因此在德育实践中，应当组织他们参加社会调查或者到基层参加劳动锻炼，以帮助他们认清自己的不足，为以后的学习指明方向。此外，也可以针对学生不同的专业、心理特点、兴趣等，制订相应的实践计划。

最后，德育实践要从社会的客观实际出发。德育实践离不开社会这个大课堂，社会环境如何、社会承受能力如何都会对德育实践产生重要的影响。因此，学生德育实践应当从社会的客观实际出发，活动的形式与内容应当尽量与社会保持一致。

（三）创新性原则

创新是一个民族的灵魂，未来的世界是一个创新的世界，只有打破旧的、僵化的思想，善于发展新观念，善于反思，勇于探索和批判，社会才能不断进步。创新是我国教育的发展方向，是党在 21 世纪的教育方针。在德育实践中，创新性原则贯穿于德育实践的整个过程。学校应当鼓励学生运用发散思维，在实践中发现新方法，培养学生独立思考、独立解决问题的能力，提供学生敢于创新、善于创新的空间，培养学生良好的道德品质和张扬的个性，做一个创新型国家中的创新型人才。同时，德育实践的活动内容、形式、方法等也应当有所突破和创新，这样才能培养21世纪具有创新精神的高水平人才。

（四）全面性原则

全面性原则，即对学生的德育实践进行全面、周密的计划，使实践活动具有层次性和系统性。学生德育实践是一种参与性很强的实践活动，在开展的时候会受到诸多客观因素的制约，因此在制订实践计划和实施的过程之中，要全方位地考虑问题。为了使德育实践培养、锻炼学生的效果最大程度地发挥出来，德育工作者应当先根据实际情况作出周详的计划，使以提高专业技能为目标的实践活动和以提高思想道德素质为目标的实践活动二者巧妙地结合起来，这样既把学校的优势利用起来，集中有限的师资力量来指导骨干学生和重点活动，又可以让更多的学生获得锻炼和接受教育的机会，使德育实践活动具有针对性和全面性。

三、设计形式及开展方法

德育实践活动的形式多种多样，主要包括社团活动、小班辅导、主题班会、网络学习、精品活动。

（一）社团活动

学生社团是学生根据各自的兴趣、爱好和特长而自愿组织起来的群众性团体，社团的活动以共同的兴趣爱好为纽带，以自愿参与为原则。学生社团是高校校园文化的重要载体，是高校第二课堂不可或缺的部分，是学生培养兴趣爱好、扩大求知领域、陶冶思想情操、展示才华智慧的广阔舞台，也是思想政治教育工作的重要载体。因此，如何加强社团建设，积极引导学生参加健康向上的社团活动，是关系到青年学生健康成长的大事，也是推进素质教育、增强思想政治教育工作有效性的有益尝试。

（二）小班辅导

小班辅导是第二课堂德育实践活动的重要学习形式，人数少，时间灵活。学生可以根据自己的特长和兴趣进行选择，教师可以结合技术前沿选取教学内容，结合工作岗位选取教学载体，结合职业能力选择训练方式，对学生开展指导性的教学。小班辅导不仅可以照顾到每个学生，为学生答疑解惑，进行个性化辅导，还可以发现学生的特长和兴趣，据其布置个性化的项目和任务，从而激发学生的潜能。

（三）主题班会

班会是班主任向学生进行思想品德教育的一种有效形式和重要阵地。有计划地组织与开展班会活动是班主任的一项重要任务。班会的形式是多种多样的，其中，主题班会是一种极受师生欢迎的极富教育意义的组织形式。所谓主题班会，是指在班主任的指导下，由班委会组织领导开展的一种自我教育自学成才的班级活动，是班主任对学生进行思想教育的一个重要途径。主题班会能充分发挥集体的智慧和力量，让个人在集体活动中受教育、受熏陶，从而提高学生的综合素质。如果组织得好，对学生思想意识的提高和良好的班风的形成有不可低估的作用。确定班会主题的方法有6种，即根据学生的学习生活、思想动态确定班会主题；根据节令、纪念日确定班会主题；根据突发事件、时事热点确定班会主题；为缓解同学们的压力，确定班会主题；为了更好地为班级做出贡献，确定班会主题；为同学们解决烦恼，确定班会主题。

（四）网络学习

网络学习，就是指通过计算机网络进行的一种学习活动，它主要采用自主学习和协商学习的方式进行。相对传统学习活动而言，网络学习有共享丰富的网络化学习资源，以个体的自主学习和协作学习为主要形式，突破了传统学习的时空限制等特征。在"互联网＋教育"的新时代，第二课堂德育实践要主动适应网络技术发展，紧扣广大学生的思想脉搏，应学生的成长要求，将德育延伸到网络空间，推动德育与现代技术的深度融合，实现德育的多元化、体系化发展。第二课堂德育实践要通过建立德育学习线上平台，开设德育学习微课堂，开展德育学习主题文化引领，组织德育学习线上实践，以创新的形式丰富和拓展理论学习。充分发挥全网络融媒体的育人功能，增强学生对网络德育学习的黏性，线上线下同步提升学生的思想素养。

（五）精品活动

当今社会对高校学生的综合素养要求越来越高，高校也将引导学生全面发展的第二课堂列为重点推进的项目，通过各种方式引导、鼓励同学们参与第二课堂精品活动。积极打造第二课堂德育学习精品活动，有利于推进学校德育工作体系化建设，着力增强德育教育工作的科学性、创新性和实效性。同时，专业的德育类精品活动还可以实现德育教育与知识体系教育的有机统一，从而将德育教育融入学生们成长发展过程的各个环节中去。

拓展阅读

德育教育综合实践活动课程实施方案

第二课堂活动是展示自我、丰富学习和生活的平台，也是深化德育教育、提升素质教育、促进学生全面发展的重要途径。应从实际出发，以创建和谐校园、人文校园为目标，通过第二课堂活动的开展将学生培养成具有社会责任的现代公民。

一、主题班会教育活动

主题：感恩、诚信、责任、宽容。
安排：每月一次，每次一个主题。
要求：有班会教案、班会记录。

二、道德规范月

时间：20××年9月。

组织：政教处、学生会、体育组。

内容：政教处组织全校各班级开展"爱国主义教育第二课堂"德育教育活动。

目标：规范学生行为道德，纠正不良行为。对学生进行爱国主义、革命传统教育和中国传统美德教育。

三、文体活动

时间：20××年9月。

组织：政教处、体育组。

内容：以体育组为核心，政教处协助组织开展全校师生趣味运动会。

目标：丰富全校师生的课余生活，彰显全校师生风采。

四、感恩我的老师

时间：教师节。

组织：政教处、学生会。

内容：由学生组织开展"感恩我的老师"活动。采用给老师送"心意"的形式，营造尊师重教的氛围。

目标：以教师节为契机，组织学生开展相关活动，侧面教育学生心怀感恩、尊师重教，架起教师与学生之间沟通的桥梁。

五、弘扬爱国主义精神系列活动

时间：20××年10月。

组织：政教处、艺术组、语文教研组、学生会。

内容：政教处、语文教研组举办"爱我中华"主题征文比赛，语文教研组统一命题、评比，校团委和学生会负责文稿征集和组织工作；政教处、艺术组组织开展以"爱我中华"为主题的班报设计活动。

目标：培养学生高尚的爱国主义情感，将爱国主义通过实践活动植根于学生心中，体现在学生的实际行动当中，形成浓厚的爱国主义氛围，树立现代小公民的爱国意识。

六、读书活动

时间：20××年11月。

组织：政教处、语文教研组、文学社。

内容：利用课余时间，保证学生30分钟的读书时间，由语文教研组负责指导，政教处负责监督，文学社负责收集读书心得。

目标：培养学生读好书、多读书的习惯，促进学校优良校风的养成，切实营造浓厚的读书氛围。

七、美文诵读活动

时间：20××年11月。

组织：政教处、校团委、语文教研组、美文诵读社团。

内容：政教处、校团委负责指导，语文教研组、美文诵读社团协助开展美文诵读比赛，以活动将生命教育渗透到学生心目中，充实学生的精神领域，培养学生爱自己、爱他人、爱社会的高尚品德意识，懂得快乐成长。

目标：在探寻生命独特性的过程中，体会生命的可贵，帮助学生认识生命、尊重生命、珍爱生命，促进学生主动、积极、健康、快乐地成长，树立正确的生命观，领悟生命的价值和意义，在与自我、他人、自然建立和谐关系的过程中，促进生命的和谐。

第四章 第二课堂 + 创新创业教育实践

创新是指以现有的思维模式提出有别于常规或常人思路的见解为导向，利用现有的知识和物质，在特定的环境中，本着理想化需要或为满足社会需求，而改进或创造新的事物、方法、元素、路径、环境，并能获得一定有益效果的行为。创业是创业者及创业搭档对他们拥有的资源或通过努力对能够拥有的资源进行优化整合，从而创造出更大经济或社会价值的过程。创业是一种需要创业者及其创业搭档组织经营管理、运用服务、技术、器物作业的思考、推理和判断的行为。

创新创业是基于创新基础上的创业活动，既不同于单纯的创新，也不同于单纯的创业。创新强调的是开拓性与原创性，而创业强调的是通过实际行动获取利益的行为。因此，在创新创业这一概念中，创新是创业的基础和前提，创业是创新的体现和延伸。第二课堂是学生活动的重要场所，创新创业是第二课堂的重要课程，二者在本质上都具有"创造性实践"的特征。充分发挥第二课堂在高校学生创新创业教育实践中的作用，无论是对于提升高校第二课堂平台的质量，还是对于完善创新创业教育实践平台建设，都具有重要意义。

第一节 第二课堂 + 创新创业教育实践概述

一、创新创业教育实践的内涵

创新的根本是思维的转变。一个国家想要走在时代的前列，就要时刻保持创新思维。当前的社会发展急需高素质的创新型人才，创新引领和驱动发展已经成为我国发展的迫切要求。创新能够提高生产效率，开创新的业务，促进经济的增长。创业是创新的表现形式，创业不只是做生意那么简单，创业也不仅仅是用来谋生的工具，从某种意义上来说，创业是指创业者发现并捕获机会，有效整合自身所拥有的资源，并在现有基础上对某一产业或产品进行改革和创造，从而实现自身价值的行为和过程。

如今，国家大力推行"大众创业，万众创新"，二者相互支撑和相互促进的关系逐渐明朗。

只有全民增强创新意识，关注创新、思考创新并不断实践创新，才能在竞争激烈的市场环境中有所突破；只有为新型产业的产生和发展注入源源不断的动力与活力，才能带动大众愿意创业、能够创业、成功创业；只有包含"创新"的创业，才能算是真正的创业，或者说只有这样的创业才具有市场实力和发展潜力。

加快发展现代高等教育，是党中央、国务院作出的重大战略部署，2014年5月2日，国务院发布《关于加快发展现代职业教育的决定》提出，坚持校企合作、工学结合、强化教学、学习实训相结合的教育教学活动；推行项目教学、案例教学、工作过程导向教学等教学模式；加大实习实训在教学中的比重，创新顶岗实习形式，强化以育人为目标的实习实训考核评价；积极推进学历证书和职业资格证书双证书制度；开展校企联合招生、联合培养的现代学徒制试点，完善支持政策，推进校企一体化育人，开展职业技能竞赛。1999年，《中共中央 国务院关于深化教育改革全面推进素质教育的决定》中明确指出，高等教育要重视培养大学生的创新能力、实践能力和创业精神。创业教育应该大力开展社会实践、创业素质类竞赛、勤工助学、创业类社团建设、实习实践基地建设等活动，为学生提供创业实践平台，让学生更多地接触社会、了解社会，培养大学生的实践能力。高校第二课堂以提高学生综合素质、训练学生基本技能为重点，与课堂教育共同构成完整的教育系统，在创新创业教育中具有自身独特的优势。同时，第二课堂教育实践贯穿于创新创业人才培养的各个环节，不仅包括教学计划之内的实践活动，还包括学校规定教学计划之外的一切实践活动。

二、创新创业教育实践的特点

（一）鲜明的创新性

当今社会是一个勇于变革和创新的社会，这就要求新型教育模式的出现。创业教育作为创新教育的拓展之一，其实质依然是创新教育，它的最终目的也是实现创新教育，因此创业教育最为显著的特征表现为鲜明的创新性。创新教育致力于将大学生打造为具有创新意识与创业能力的创新型人才，它从理念到内容再到形式、方法都提倡打破常规和传统，勇于求异、求新、求变，是一种全新的价值追求。而创业人才的培养，也是让学生树立创新意识，用新的构想创造新的产品、新的流程和新的服务方式，最终创造新的价值。

（二）强烈的时代性

高校创业教育是面向21世纪的教育，面向知识经济时代的教育，因此它具有鲜明的时代性。在经济全球化的背景下，开放、竞争、变革和创新已成为时代的主题，全新的时代呼唤创新型人才，高校必须构建一种全新的教育理念和模式来适应时代的发展，创业教育是培养创新型人才的途径之一，它紧扣时代脉搏、顺应时代发展应运而生。同时，当今时代面临着严峻的就业压力，高校开展创业教育能够提升学生的就业竞争力，从而缓解学生就业压力，这也为其扣上了鲜明的时代烙印。培养具有创新意识的创业型人才要求创业教育要关注社会发展趋势、了解经济社会发展动向、正确分析目前形势，所以说创业教育不仅是时代的产物，同时也具有强烈的时代特征。

（三）丰富的实践性

高校创业教育不仅注重对学生创业知识的传授，而且注重对学生实践能力的培养，同时还注重引导学生们在实践中学会思考、学会做事，从而提升创业能力。通过实践训练，也有助于学生增强创业意识、塑造创业品质。实践实训活动是高校创业教育得以实现的重要方式，学生可以通过创业实践平台、实习基地等方式，提高自身创业技能。同时，只有在实践中将创业知识与创业实践相结合，才能提高创业的成功概率。因此，高校创业教育自始至终贯穿着丰富的实践性。

（四）持续的挑战性

高校创业教育是在变革与创新的时代背景下产生的新型教育思想和教育模式，这就使其面临着对传统教育模式的挑战，对传统的教育目标、方式等方面进行批判，并建立新的教育模式。在建立新的教育模式时，由于没有可借鉴的成功模式，这就需要其在探索与把握中前进，具有较强的挑战性。同时高校创业教育的开展是一个长期的过程，需要其与时俱进地充实、更新已有成果，这对高校创业教育来说具有一定的挑战性。作为创新教育的一种形式，高校创业教育必须紧跟时代发展的脉搏，具有一定的俱进或超前性，这需要高校创业教育有把握经济社会发展趋势的能力和面对未知的能力，并在此基础上对自身发展作出正确的判断，对高校创业教育来说充满了挑战性。

三、创新创业教育实践的重要性

创新是一个民族进步的灵魂，是国家兴旺发达的不竭动力，创业教育应该把培养高校学生的创新能力作为核心内容。以开设创业课程、组建创业先锋班、设立创新创业基金、建立创新教育实验基地、实行学生创新创业学分认定等系列措施，激发学生的创新热情，进一步深化学生的创新意识，提高学生的创新能力。高校作为知识创新和技术创新的重要基地，培养具有创新精神和实践能力的高级专门人才是其应尽之责，将实践能力和创新能力的培养融入学校教育的全过程是时代发展的需要、社会发展的需要，更是教育自身发展的需要。随着时代的发展，创新已经成为现代社会的本质特征和时代精神，培养创新能力具有以下几点不可忽视的意义。

（一）加强创新能力培养是建设创新型国家的必然选择

在国际竞争成为国家综合实力竞争形势下，国家能否培养出大批具有创新能力的人才将在一定程度上影响国家的综合实力。人才资源是第一资源的认识早已深入人心，我国也正在采取各种措施，大力推动由人口大国向人力资源强国迈进。在日益激烈的经济科技全球化竞争中，我国必须坚定不移地走科教兴国和人才强国之路，集中力量培养和造就数以万计的符合现代化建设需要的创新型专门人才和大量优秀拔尖人才，从而在日益激烈的国际竞争中脱颖而出，实现中华民族的伟大复兴。

（二）加强创新能力培养是时代赋予高等教育的重要使命

人类社会的发展，以经济时代划分，经历了农业经济、工业经济，并进入了工业经济的高级发展阶段，即知识经济时代。教育是知识经济的基础，创新是知识经济的灵魂，造就人才是知识经济的关键。知识经济作为一种经济形态，更加强调创新、鼓励创新、支持创新并体现创新。所以，是否具有创新能力以及创新能力的大小强弱，在知识经济时代具有十分重要的意义。尤其在全球竞争日趋激烈的形势下，综合国力的竞争实质上就是科技的竞争和国民素质的竞争，而创新则是发展科学技术与提高国民素质的根本。创新和运用知识的能力将与效率成为国家间综合国力竞争的重要因素。

高等教育肩负着传承知识、培养人才、推动社会进步和发展的重任，因此，系统培养、训练大学生创新能力必然成为我国高等教育的重要使命。高等教育应该通过自身所具有的系统的教育体系、完备的课程结构、先进的教育理念、强大的师资力量，着力开展创新教育，以培养和造就出推动社会发展与进步的具有创新精神和创新能力的创新型人才，进而在未来的全球人才竞争中占有一席之地，推动我国综合国力的不断提升。这是时代发展赋予高等教育的重大历史使命。

（三）加强创新能力培养是提升高校学生综合素质的重要内容

创新意识和创新能力的形成及发展与人的生理、心理、思维、智力、意志、人格等诸多方面都有关系，是这些方面相辅相成、综合作用的结果，因此可以说创新意识和创新能力是一种人格、认识以及社会层面的综合体。它以深厚的文化底蕴为基础，以高度凝练、系统的知识体系为承载，以充分体现个性特征的思维能力和精神境界为表征，在很大程度上主要体现为个体的综合素质和综合能力。并且，个体的创新意识和创新能力定型后，对个体其他方面素质和能力的训练与培养还将起到一定的推动、激发、稳固的重要作用。在这个意义上，也可以说创新意识和创新能力能巩固和丰富学生的综合素质。因此，创新意识和创新能力在学生素质结构中居于核心地位，不单单是综合素质最明显的表现。学生进入高校学习后，巨大的升学压力已减轻许多，但严峻的就业形势和成才成长的迫切需要，却进一步激发了他们提升自身综合素质的内在动力。创新意识和创新能力在提高高校学生综合素质的过程中具有独特的作用，将创新意识和创新能力视为突破口有利于激励、刺激、引导和带动学生其他方面的素质发展，从而使学生的综合素质得到全面提升。

（四）加强创新能力培养是实施终身教育的关键所在

人类社会的实践活动是一个永恒的运动过程，必然随着生产力的发展而变化，然而当科学发展不能满足现状时，就可能促使科学向更深更广的领域延伸，从而产生创造性思维，并突破当前科学发展的框架，而达到一个新的高度，即创新是人类社会发展的一个推动力。无止境的发展需求推动人类不断开辟科学研究新领域，进一步扩宽人类原有的认识水平和认识层次，从而使人类的知识获得新的飞跃。因此，发展无止境，创新无止境，知识的更新更无止境。

创新人才，承载着实现中华民族伟大复兴的艰巨使命，承载着国富民强的百年梦想，承载着发展中国特色社会主义事业的重要责任，更应以创新能力和培养教育为重点，适应社会和时代的需要，坚持终身学习、终身教育，完善自身的知识结构、知识储备。只有始终保持与时代的同步发展，才能随时跟紧社会的发展所提出的创新要求。

第二节　创新创业教育实践的组织与管理

一、高校创新创业教育的实践途径

（一）建立创新创业教师队伍

高校创新创业教育实践管理机构能够更加规范地计划创新创业教育，一些有条件的高校应在创新创业教育实践管理机构当中，建立起创新创业教育科研室或研究部门。在教学实践方面，高校开展创新创业教育教学的教师很大程度上会缺乏创业经验和经历，其理论知识多于实践经验，根本无法满足创新创业教育的实践要求。由此可见，为了能够满足高校创新创业教育的实践要求，需要尽快培养一批具有实践经验、取得执业资格的教师参与到高校创新创业教育实践教学中来。如参加每年各省教育厅组织的创业师资能力的提升培训。另外，高校创新创业教育科研室的成立，有利于高校创新创业教育理论知识的研究，并且能够很大程度地提高高校创新创业教育的教学水平。

（二）加强教师创新创业意识

当高校创新创业教育研究框架建立完成之后，需要及时加强教师的创新创业意识，尤其是加深教师对当地创业政策的了解。同时，为了能够保证创新创业教育教学质量，保证大学生创新创业教育实践的有效性，需要组织教师走进社会和企业，通过与社会企业的直接接触，将教学质量进一步提升，从而形成校内导师与校外创业导师共同协作的良好模式。

二、大力开展高校创新创业实践活动

（一）结合专业开展实践教学

要想上好创新创业教育课程，就需要加大学生创新思维和创新创业能力培养的力度，制定完整的创新型人才培养方案，建立完善的创新创业人才培养体系，但这需要将专业实践教学作为重点专业实践教学内容，通常会将专业人才就业、创业需求进行结合，根据具体职业岗位知识和能力的要求，来将创新创业知识和能力培养融入其中，并且能够根据这些要求来开展相应的创新创业教学实践活动。比如积极引导学生参加各地"互联网+"大学生创新创业大赛以及观摩政府创业活动与路演项目，以开阔学生眼界。

（二）加强创新创业能力训练

如今，我国高校学生创业欲望如此激烈，但实际参与创业的比例却不高，创业成功率较低，其主要原因在于高校内的一些实践活动与社会项目存在着较大的差距，学生在没有实际社会工作经验的情况下就参与创业，自然会出现很大的问题。根据这一问题，高校可以从优质企业引进创业导师，并为学生制订毕业实习创业计划，站在企业实践的角度为学生提供多种平台，这样才能进一步有效提高学生的创新创业能力。

（三）建立学校创业项目选育基地

大学生创业项目选育基地的建设，在高校大创业教育体系中起到承上启下的作用，既对创业训练教育有一定的提升，又为下一步的创业孵化教育做好前期准备。创业种子项目主要来源于大创计划、学院创新创业中心的创客项目、学生基于偏爱自由选择的创业项目、院校两级开展的各类创新创业竞赛项目等。高校建立创业种子项目咨询与辅导机制，由校创新创业咨询中心专家负责，为创业种子项目提供技术化延伸指导和商业化拓展指导。同时高校还引入社会创投资源，对优秀项目进行孵化，为大学生创业项目助力，使高校成为"创业者的熔炉"。

三、健全创新创业教育保障机制

（一）组织保障

高校可以成立由校领导担任组长，教务处牵头，学生处、团委、招生就业处等多部门组成的高校大学生创新创业工作领导小组，负责学校创新创业教育相关政策的制定、实践活动的组织与实施等，对大学生创新创业工作进行宏观指导。此外，高校还可以成立由热衷于创新创业教育且在省内各学科创新创业教育领域颇有影响力的教师组成创新创业教育指导委员会，为创新创业教育工作提供指导、咨询与评估等。

（二）制度保障

为鼓励学生创新创业，高校可以制定"创新创业能力与综合素质拓展"学分实施办法、"学生代表学校参加比赛有关规定"等文件，建立创新创业学分积累与转换制度，实行弹性学制，允许学生保留学籍休学创业，支持创新创业学生优先转入相关专业学习等，并出台相关政策，将教师从事创新创业教育情况纳入附加教学工作津贴，记载教研工作量，并作为教师考核评价的重要内容，对成绩突出的教师给予奖励。

（三）经费保障

高校根据财政情况及创新创业教育工作需要，安排专项资金支持高校创新创业教育工作，用于创新创业教育专业建设、课程与教材建设、教学改革、教师培训、创新创业竞赛、大创计划等方面建设及奖励资金。

（四）师资保障

高校应十分重视教师创新创业教育能力培养，采取"自培"和"引进"两种模式努力培养创业教育师资队伍。积极组织教师参加国家、省各类创新创业教学能力培训，每年为指导教师开设相关讲座。

第三节　创新创业教育实践的设计与开展

一、创新创业教育实践的设计思路

（一）创新教学模式

高校第二课堂存在边缘化问题，推进"双创型"人才培养需要将第二课堂教育内容由"活动"提升为"课程"教学，制定切合实际的教学目标，纳入教学培养方案，课堂设置上要规范化、系统化、连续化。在第二课堂评价中引入学分制，以定量评价代替定性评价。合理制定学分标准，调动学生参与第二课堂的积极性。

（二）引导式教学

不同专业背景的学生存在素质的差异，在设计"双创"教育第二课堂的时候应当根据专业特点和学生个性建立动态的活动课程体系，与专业技能融会贯通，增强学生对专业知识的热爱和实践能力。第二课堂要求形式多样、方式灵活，并且学生自愿参加。在"双创"教育中要充分调动学生的主观能动性，改变教学方法，通过引导启发，使学生积极发现问题、分析问题、解决问题。

（三）任务式教学

在高校第二课堂建设中，社团可打破年级、专业的界限，改变传统教师授课的单向交流模式，使其团队成员间可以面对面地交流讨论，也可促使不同学科背景的学生相互促进和发展，同时可以有效促进大学生创新创业素质提升，成为第二课堂创业实践活动的重要载体。聘任校内专业教师和校外企业家同时担任指导老师，以专业技能拓展竞赛、科技研发竞赛、创新创业大赛、社会实践与志愿服务等活动为依托，让学生在这个过程中通过一种新的任务型管理与组织模式实施，从而提高社团整体的专业水平、学术层次和创新创业实践能力。

（四）交互式学习

在信息时代，网络媒体对学生的行为方式产生了影响，他们对于校内举办的活动参与度并不高，但是他们乐于参与到网络讨论中来。"双创"教育第二课堂要抓住机遇占领校园网络阵地。例如，采用微信公众平台充分发挥第二课堂的优势，使文本、图像、音频、视频和动画等媒介表现于一体，利用好自媒体时代的背景，开发并运营好第二课堂网络平台，使其直观地展示效果。高校要丰富校园多媒体文化产品，构建集教育、服务、管理、娱乐于一体的校园网络环境。

二、创新创业教育实践的项目实施

一是构建学生、学校和社会结合的创新创业体系。以学生创新创业为基石，创业带动就业。积极参与学生创新创业基地、创新创业孵化园的建设及入驻，为高校学生提供良好的服务平台，努力使每一位学生注入创新创业的意识，达到广种广收的效果。

二是以教育引领为基础，不断增添创新创业措施。邀请创新创业成功人士进驻校园以身说教，鼓励和引导学生积极开展创新创业实践。同时还要鼓励学生积极参加社会各行各业的创新创业活动，学院安排相关老师进行指导，以进一步加强学生适应社会的能力。

三是优化项目设置，提高学生创新创业能力。在项目选择上，学校应以适应社会需求为目标，培养新型的各类技术人才。以专业为导向，以具体工作为出发点，优先让学生自主参加与专业相关的工作。以创新创业为辅，让学生不断拓展与专业相关的各类创新创业工作。

四是积极打通科技成果转化通道，不断释放学生的创新活力。学校应积极加快新兴科技产业发展，并规划将其培育成主导产业；推进大学生就业创业"互联网化"发展，特别是"互联网+"行动计划的制定和实施，使学生创新创业工作与现代制造业、服务业结合更加紧密。通过以点集线、线线相连形成面，营造学生创新创业的浓郁氛围。

三、创新创业教育实践的开展形式

（一）创新

高校学生第二课堂创新实践活动包括科技竞赛、学术论文、知识产权等。

1. 科技竞赛

科技竞赛是指由政府部门、学校或其他社会组织举办的、与学科专业教育教学关系紧密的课外学生竞赛活动。科技竞赛不仅是高校创新人才培养的重要手段，也是用人单位选拔人才的重要依据。

2. 学术论文

学术论文是对某个科学领域中的学术问题进行研究后表述科学研究成果的理论文章。一般是指某一学术课题在实验性、理论性或观测性上具有新的科学研究成果或创新见解和知识的科学记录；或是某种已知原理应用于实际所取得新进展的科学总结，用以提供在学术会议上宣读、交流或讨论，或在学术刊物上发表，或作其他用途的书面文件。学术论文具有科学性、创造性、理论性、平易性、专业性5个主要特点。

> 知识链接

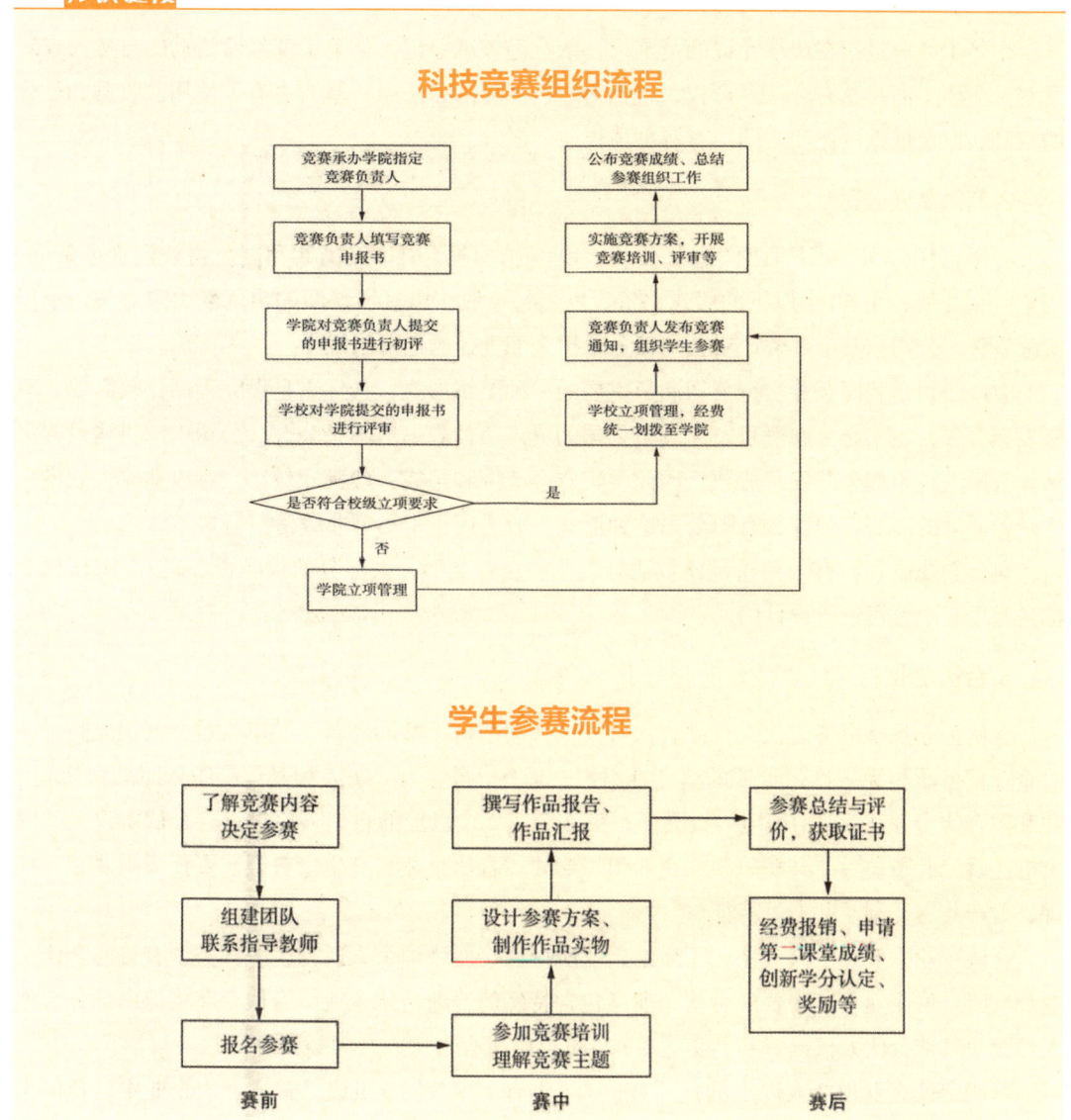

科技竞赛组织流程

```
竞赛承办学院指定           公布竞赛成绩、总结
竞赛负责人                参赛组织工作
    ↓                        ↑
竞赛负责人填写竞赛         实施竞赛方案,开展
申报书                    竞赛培训、评审等
    ↓                        ↑
学院对竞赛负责人提交       竞赛负责人发布竞赛
的申报书进行初评           通知,组织学生参赛
    ↓                        ↑
学校对学院提交的申报书     学校立项管理,经费
进行评审                  统一划拨至学院
    ↓                        ↑是
是否符合校级立项要求 ──是──┘
    ↓否
学院立项管理
```

学生参赛流程

```
了解竞赛内容      撰写作品报告、       参赛总结与评
决定参赛          作品汇报            价,获取证书
    ↓               ↑                   ↓
组建团队          设计参赛方案、       经费报销、申请
联系指导教师       制作作品实物        第二课堂成绩、
    ↓               ↑                 创新学分认定、
报名参赛          参加竞赛培训           奖励等
                  理解竞赛主题
   赛前              赛中                赛后
```

3. 知识产权

知识产权是"基于创造成果和工商标记依法产生的权利的统称"。最主要的三种知识产权是著作权、专利权和商标权,其中专利权与商标权也被统称为工业产权。知识产权通常是国家赋予创造者对其智力成果在一定时间内享有的专有权和独占权。学术论文和知识产权是学生参加科技竞赛等取得的标志性成果。

(二)创业

创业可以采取的形式有很多,常见的创业方式有以下几种。

1. 个体工商户

个体工商户是指在法律允许的范围内，依法经核准登记，从事工商经营活动的自然人或者家庭。个体工商户享有合法财产权，包括对自己所有的合法财产享有占有、使用、收益和处分的权利，以及依据法律和合同享有各种债权。

2. 有限责任公司

有限责任公司（以下简称"有限公司"），是指根据《中华人民共和国公司登记管理条例》规定登记注册，由50个以下的股东出资设立，每个股东以其所认缴的出资额为限对公司承担有限责任，公司以其全部资产对公司债务承担全部责任的经济组织。

有限公司是我国企业实行公司制最重要的一种组织形式，其优点是设立程序比较简单，不必发布公告，也不必公布账目，尤其是公司的资产负债表一般不予公开，公司内部机构设置灵活。其缺点是不能公开发行股票，因此筹集资金范围和规模一般都比较小，难以适应大规模生产经营活动的需要。因此，有限公司这种形式一般适用于中小型非股份制公司。

对于创业来说，有限公司是比较适合创业的企业类型，大部分的投融资方案、VIE架构等都是基于有限公司进行设计的。

3. 合伙企业

合伙企业是指由各合伙人订立合伙协议，共同出资，共同经营，共享收益，共担风险，并对企业债务承担无限连带责任的营利性组织；也是指自然人、法人和其他组织依照《中华人民共和国合伙企业法》在中国境内设立的，由2个或2个以上的自然人通过订立合伙协议，共同出资经营、共负盈亏、共担风险的企业组织形式。合伙企业具有生命有限、责任无限、相互代理、财产共有、利益共享等特征。

合伙企业一般无法人资格，不缴纳企业所得税，而缴纳个人所得税。其类型有普通合伙企业和有限合伙企业。其中普通合伙企业又包含特殊的普通合伙企业。合伙企业可以由部分合伙人经营，其他合伙人仅出资并共负盈亏；也可以由所有合伙人共同经营。

普通合伙企业由2人以上的普通合伙人（没有上限规定）组成。普通合伙企业中，合伙人对合伙企业债务承担无限连带责任。特殊的普通合伙企业中，一个合伙人或数个合伙人在执业活动中因故意或者重大过失造成合伙企业债务的，应当承担无限责任或者无限连带责任，其他合伙人则仅以其在合伙企业中的财产份额为限承担责任。

有限合伙企业由2人以上50人以下的普通合伙人和有限合伙人组成，其中普通合伙人和有限合伙人都至少有1人。当有限合伙企业只剩下普通合伙人时，应当转为普通合伙企业，如果只剩下有限合伙人时，就应当解散。普通合伙人对合伙企业债务承担无限连带责任，有限合伙人以其认缴的出资额为限对合伙企业债务承担责任。

4. 网络创业

网络创业主要有两种形式，即网上开店和网上加盟。网上开店是在网上注册成立网络商店，而网上加盟是以某个电子商务网站门店的形式经营，利用母体网站的货源和销售渠道。

5.加盟创业

加盟创业是指采取直营、委托加盟、特许加盟等形式连锁加盟，投资金额根据商品种类、店铺要求、加盟方式、技术设备的不同而不同。

6.团队创业

团队创业是指具有互补性或者有共同兴趣的成员组成团队进行创业。如今，创业已非纯粹追求个人英雄主义的行为，团队创业成功的概率要远高于个人独自创业。一个由研发、技术、市场融资等各方面组成的优势互补的创业团队，是创业成功的法宝，对高科技创业企业来说更是如此。

> **拓展阅读**

蒂蒙斯创业过程模型

蒂蒙斯创业过程模型，是一种商业模型。创始人或工作团队必须在推进业务的过程中，在模糊和不确定的动态的创业环境中要具有创造性地捕捉商机、整合资源和构建战略、解决问题的能力，要勤奋工作、富于牺牲（图4-1）。

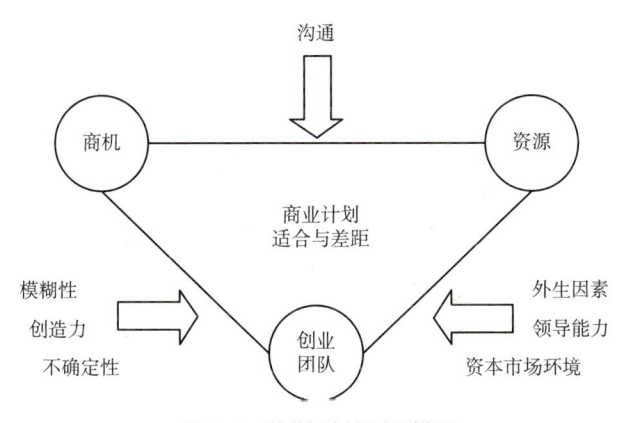

图 4-1 蒂蒙斯创业过程模型

蒂蒙斯创业过程模型的内容如下：

第一，商业机会是创业过程的核心驱动力，创始人或工作团队是创业过程的主导者，资源是创业成功的必要保证。

创业过程始于创业机会，而不是钱、战略、网络、团队或商业计划。开始创业时，商业机会比资金、团队的才干和能力及适应的资源更重要。在创业过程中，资源与商机间经历着一个适应→差距→适应的动态过程。商业计划提供沟通创业者、商机和资源三个要素的质量与相互匹配和平衡状态的语言及规则。

第二，创业过程是商业机会、创业者和资源三个要素匹配和平衡的结果。

处于模型底部的创始人或工作团队要善于配置和平衡要素，借此推进创业过程。他们必须做的核心工作是对商机的理性分析和把握、对风险的认识和规避、对资源的最合理地利用和配置、对工作团队适应性的分析和认识。

第三，创业过程是一个连续不断寻求平衡的行为组合。

在三个要素中绝对的平衡是不存在的，但企业要保持发展，必须追求一种动态的平衡。用保持平衡的观念展望企业未来时，创业者必须思量的问题是：团队是否能领导公司未来的成长、资源状况；下一阶段面临的陷阱能否成功度过。这些问题在不同的阶段以不同的形式出现，牵涉到企业的可持续发展（表4-1）。

总之，创业者在创业过程中的情绪就像一个杂技表演者，一边要在平衡线上跳上跳下，保持平衡；一边还要在动荡的处境中进行各式各样的表演。

表4-1 蒂蒙斯创业机会评价表

评价项	评价指标
行业与市场	1. 市场容易识别，可以带来持续性收入 2. 顾客可以接受产品或服务，愿意为此付费 3. 产品的附加价值高 4. 产品对市场的影响力大 5. 将要开发的产品生命力强 6. 项目所在的行业是新兴行业，竞争不完善 7. 市场规模大，销售潜力达到0.1亿～10亿元 8. 市场成长率在30%~50%甚至更高 9. 现有厂商的生产能力几乎完全饱和 10. 在5年内能占据市场的领导地位，占比达到20%以上 11. 拥有低成本的供货商，具有成本优势
经济价值	1. 达到盈亏平衡点所需要的时间在1.5~2年 2. 盈亏平衡点不会逐渐提高 3. 投资回报率在25%以上 4. 项目对资金的要求不是很大，能够获得融资 5. 销售额的年增长率高于15% 6. 有良好的现金流量，能占到销售额的20%~30% 7. 能获得持久的毛利，毛利率要达到40%以上 8. 能获得持久的税后利润，税后利润率超过10% 9. 资产集中程度低 10. 运营资金不多，需求量是逐渐增加的 11. 研究开发工作对资金的要求不高
收获条件	1. 项目带来的附加价值具有较高的战略意义 2. 存在现有的或可预料的退出方式 3. 资本市场环境有利，可以实现资本的流动

续表

评价项	评价指标
竞争优势	1.固定成本和可变成本低 2.对成本、价格和销售的控制较高 3.已获得或可以获得对专利所有权的保护 4.竞争对手尚未觉醒，竞争较弱 5.拥有专利或具有某种独占性 6.拥有发展良好的网络关系，容易获得合同 7.拥有杰出的关键人员和管理团队
管理团队	1.创业者团队是一个优秀管理者的结合 2.行业和技术经验达到了本行业的最高水平 3.管理团队的正直廉洁程度达到最高水平 4.管理团队知道自己缺乏哪方面的知识
致命缺陷	不存在任何致命缺陷
创业家的个人标准	1.个人目标与创业活动相符合 2.创业家可以做到在有限的风险下实现成功 3.创业家能接受薪水减少等损失 4.创业家渴望进行创业这种生活方式，而不只是为了赚大钱 5.创业家可以承受适当的风险 6.创业家在压力下状态依然良好
理想与现实的战略性差异	1.理想与现实情况吻合 2.团队管理已达到最佳状态 3.在客户服务管理方面有很好的服务理念 4.所创办的事业顺应时代潮流 5.所采取的技术具有突破性，不存在许多替代品或竞争对手 6.具备灵活的适应能力，能快速地进行取舍 7.始终在寻找新的机会 8.定价与市场领先者几乎持平 9.能够获得销售渠道，或已经拥有现成的网络优势 10.能够允许失败

四、创新创业实践活动考核评价

（一）考核评价原则

以创新为内核、以育人为导向、加强创新创业教育，是高校人才培养的重要内容。高校学生创新创业活动考核评价体系有重要的导向和激励功能，既有对学生创新创业成果和创新创业能力的评价，进一步激励学生积极参与创新创业活动功能，也是对学校创新创业活动方案与成效的检验，有利于推进创新创业活动的深入开展。

高校第二课堂活动考核评价方式是"第二课堂成绩单"制度实施的牵引，考核评价方式应突出客观性、写实性、价值性、简便性，以科学的评价标准为论据，针对学生参与高校第二课堂的表现进行科学认证，对学生表现出的综合素质进行全面反映。

（二）考核评价实施路径

考核评价实施路径包括构建评价指标体系、创新创业成绩评价、创新创业效果评价，也就是根据创新创业活动考核评价的原则，从创新创业活动过程和成果两个方面构建评价指标体系。通过客观记录学生参与各类活动的经历及成果，全面评估学生参与高校第二课堂创新创业实践活动的成绩。学生在参与各项创新创业活动的过程中，可以结合自身经历对活动组织管理过程规范性、教师指导、自己在德智体美劳方面的收获等方面进行评价，由此推动创新创业活动在学校的升级发展，打造精品创新创业活动，吸引全体师生积极参与到活动中来。

（三）考核评价方式

考核评价方式一般有三种，即记录式评价，对学生参加高校第二课堂创新创业实践活动的过程和成果进行客观的记录；学分式评价，根据学生参加高校第二课堂创新创业实践活动的工作量设定相应学分或积分；星级式评价，将学生参加高校第二课堂创新创业实践活动的成绩转化为相应星级，具有学分和学时的双重属性。

第五章
第二课堂+体育实践

体育是一种复杂的社会文化现象，它以身体活动和智力活动为基本手段，根据人体的生长发育、技能形成和机能提高等规律，达到促进全面发育、提高身体素质与全面教育水平、增强体质与提高运动能力、改善生活方式与提高生活质量的一种有意识、有目的、有组织的社会活动。体育可分为大众体育、专业体育、学校体育等种类，包括体育文化、体育教育、体育活动、体育竞赛、体育设施、体育组织、体育科学技术等诸多要素。

第一节　第二课堂+体育实践概述

一、体育实践的概念

体育实践，一般是指学生利用课余时间自主地进行体育锻炼，积极主动地参与校园体育竞赛，巩固和检验课堂所学的运动技能及相关体育科学知识。学生通过对健身项目和运动项目的选择和学习，培养其爱好和运动特长，获得科学健身的方法，养成文明健康的生活方式，达到"享受乐趣，增强体质，健全人格，锻炼意志"的目的。体育实践形式多样，不拘一格。其可以是自由活动，也可以是有组织的游戏活动，比如跳绳、跑步、骑自行车、跳健身操、球类运动等，如图5-1所示。

图5-1　体育实践形式

新时代党的教育方针把培养德智体美劳全面发展的社会主义建设者和接班人作为教育的根本任务，"体育"作为其中一项，是发挥"德智美劳"作用的基础，其意义重大。第二课堂体育实践对大学生身体机能、心理健康、人格品质3个方面良性发展都具有重要意义。

二、体育实践的意义

体育实践作为一种社会现象，是人类社会生活总体的组成部分。体育实践既是教育的一环，又是生活的一环，是属于人的社会生活条件。"身体是革命的本钱""生命在于运动"等至理名言很早就被提出，可见，一个强健的体魄对于一个人是多么的重要。对于学习压力日趋加重的现代的学生来说，适当地进行身体锻炼是有好处的。不仅可以提高运动素质，还可以做到劳逸结合，使智力水平得到充分的发挥。因此，体育实践对学生的身心发展起主导作用。

（一）提高身体机能，塑造健康体魄

学生每天投入繁重的学习生活中，若想应付自如，一个强壮的身体是必不可少的。首先，进行体育活动可以加速血液循环，以适应肌肉活动的需要，这样就能从结构和功能上改善心血管系统。经常运动，能使心脏产生工作性肥大，心肌增厚，收缩有力，心搏徐缓，血容量增大，这就大大减轻了心脏的负担，心率和血压变化比一般人小，出现心脏工作的"节省化"现象。其次，进行体育活动可以改善呼吸系统功能。呼吸是重要的生命现象，肺是呼吸系统的重要器官，具有气体交换的功能，经常运动能使呼吸系统发达，呼吸慢而深，每次吸进氧气较多，每分钟只要呼吸8~12次，就能满足机体需要。运动可使人体更多肺泡参与工作，使肺泡富有弹性，可增加肺活量。最后，进行体育活动可以促进骨骼肌肉的生长发育。适当体育活动能为骨骼和肌肉提供足够的营养物质，促进肌纤维变粗，肌肉组织有力，促进骨骼生长，骨密度增大，提高抗弯、抗压、抗折能力。由此可见，一个强健的体魄对我们是大有裨益的。

（二）提高心理素质，预防心理疾病

许多体育锻炼不仅考验、锻炼我们的身体，而且考验、锻炼我们的毅力、耐力等心理素质。例如，长跑就很能锻炼一个人的耐力与韧劲。通过体育锻炼来加强心理素质，从而使自己在学习生活中有一个健康强劲的心理，这肯定会使我们的学习生活更高效、更美好。心理学研究表明，运动可以增进人的心理健康。经常从事运动的人，体内会分泌出一种类似吗啡的物质，使人产生愉快情绪。由于当今社会竞争的激烈，生活节奏加快，人的精神，尤其是心理尚未完全成熟的学生的精神，常常处于紧张状态。体育活动，对于释放紧张情绪、舒缓压力、抵制抑郁等消极心理因素都起着积极的作用，这有助于预防心理疾病的发生，从而促进学生的心理和谐发展。

（三）内化人格品质，培养团队精神

在体育实践过程中，人在多种多样的体育活动中能体验到快乐、满足、紧张、兴奋、焦虑等不同程度的情感。这些体验本身就是意志实现的过程，可以培养人的自觉性、果断性、自制

性等良好的意志品质，有助于学习和理解社会行为规范，内化积极向上的价值观，培养团队协作的精神。

第二节　体育实践的组织与管理

一、组织人员构成

（一）校长

学校体育工作应在学校党政领导下，由校长或副校长分工主管。其基本职责是根据上级党委和教育行政部门的有关指示，结合学校各个阶段的工作任务，对学校体育工作提出总的目标要求，并将其列入学校工作计划。深入实际，检查、评估体育教学和课外体育活动开展情况及其效果。加强对体育组（室、部）和体育教师的领导，认真听取教师的意见和建议，关心他们的工作与生活，支持鼓励他们钻研业务，尊重体育教师的辛勤劳动。动员教育班主任、年级辅导员及全体教师重视学生德、智、体、美、劳全面发展。提供必要的体育经费和物质条件保证。

（二）体育教研室（部）

体育教研室（部）是学校中具体组织实施体育工作的部门。其基本职责是根据党的教育、体育方针，上级对体育工作的指示以及学校教学工作计划和学校实际情况，会同有关部门制订学校体育工作和必要的规章制度，报请学校领导审查批准。定期向学校领导汇报体育工作情况和存在问题，并提出具体改进意见和建议。组织全体教师认真开展体育教学和学校课外体育活动。协助校医室（院）定期检查学生身体，建立健康卡片。协助总务部门做好场地设施器材的修建、选购、维修和保养工作，并教育学生爱护公物，动员教师维修、自制体育器材。做好体育的宣传工作。关心教师生活，帮助他们解决实际困难。

（三）体育教师

体育教师是学校体育工作的具体执行者和中坚力量，其基本职责要求是自觉坚持政治、思想、业务进修，做一名具有高尚道德品质、文化科学知识全面、教育教学能力强、体格健壮、姿态优美的体育教师。根据教育计划和大纲精神及时制订各种教学文件。热爱关心学生，上好体育课，积极开展学校体育活动，同时结合学校体育实践，积极开展科学研究工作。

（四）班主任、年级辅导员

班主任、年级辅导员将体育工作列入本班、本年级工作议事日程，并结合本班、本年级实际情况做好具体计划安排。加强对学生进行有关党的教育方针、思想品德教育，鼓励学生在搞好文化学习的同时，积极上好体育课，搞好课外体育活动。以身作则，示范带头，主动协助体育教师开展各项体育工作。

二、组织与管理要求

学校应根据学生思维能力较活跃、好奇心较强、表现欲较强、精力充沛的特点，确定竞赛的形式和内容。例如，有挑战运动极限的体能类项目，又有展示运动技巧的灵巧类项目；有体现默契配合的集体项目，又有对抗性项目和非对抗性项目等。通过丰富多彩的体育活动和形式多样的体育竞赛激发学生积极参加体育锻炼的兴趣，使他们逐渐养成良好的运动习惯。体育与健康课程以促进学生身体、心理和社会适应能力等整体健康水平的提高为目标。体育实践作为体育与健康课程中的一项重要活动，使学生在和谐、平等、友爱的运动环境中感受集体的温暖和情感的愉悦；在经历挫折和克服困难的过程中，提高承受挫折能力和情绪调节能力；培养创新精神和创造能力，形成积极向上、乐观开朗的生活态度；树立现代社会所必需的合作与竞争意识；学会尊重他人和关心他人，培养良好的体育道德和集体主义精神。

三、组织与管理途径

通过开展学生体育竞赛，满足学生真正的需要，让每个学生都能从中受益，以促进社会主义新人的成长。首先，学生运动竞赛的举办不仅仅是为了决出比赛的结果，更重要的是运动竞赛上的参与过程。因此运动竞赛结束后的评价，不能仅以竞赛成绩的好坏来论"英雄"，而应对竞赛过程中的各种积极现象进行全面评价，并多设一些奖项，尽量让大多数参加者得到相应的鼓励性的评价，特别是团体奖。让学生组织、管理运动竞赛，担任裁判工作是可行的，其意义也是深远的。在开始之前，我们也许会担心学生乱作一团，无法有秩序地组织开展运动会；担心学生不能按照有关项目的规则进行裁判；担心学生不能公正执法，会徇私舞弊等。事实上，这些担心都是多余的，学生完全有能力组织好每次运动竞赛，不过在运动竞赛之前，需要对学生进行纪律教育和志愿者培训。工作做在前头，开展起来就能按部就班地实施。

第三节　体育实践的设计与开展

第二课堂体育实践主要分为体育竞赛和日常锻炼。各高校把体质健康测试作为评定学生健康水平的重要标准，以此激励学生积极参与第二课堂体育实践。

一、体育竞赛

体育竞赛是各种体育运动项目的总称。随着时代与人类观念的不断进步、社会与经济的持续发展，体育竞赛已经演变成为在高科技、高投入的支撑下，在长期培养、广泛选材、科学训练、严谨计划和周密组织下，所进行的具有强烈对抗性并具有显著观赏性的比赛活动。同时，体育实践也为体育竞赛赋予了更为丰富和广泛的内涵，它在运动员更加充分和完善的准备与训练的基础上，要求竞赛条件必须更加符合科学理念和专项规则，要求参与双方必须更加合乎道德规范准则和公平的原则，还要求实现其交流、宣传、激励、教化和团结人民，推动进步的多重功效。

体育竞赛是在裁判员的主持下，按统一的规则要求，组织与实施运动员个体或运动队之间的竞技较量，是竞技体育与社会发生关联并作用于社会的媒介。按其规模和性质，可分为综合性运动会、单项锦标赛、等级赛、联赛、邀请赛、通讯赛、选拔赛、表演赛等。

体育竞赛方法包括淘汰法、循环法、顺序法、轮换法，当然一次比赛中可以根据比赛需要使用两种或两种以上的方法进行比赛。

体育竞赛评定成绩和决定名次是竞赛工作的重要一环，它包括个人和团体两种，根据相关竞赛规则和规程进行评定。

体育竞赛前的准备活动，是指运动员为训练或比赛所进行的前奏活动。由于大多数参加竞赛的学生是体育爱好者，他们的训练程度不同，竞技战术及身体素质也有差别，更有甚者对准备活动的意义和目标缺乏足够的认识而忽视准备活动，就直接上场比赛。这样做不但影响竞技战术水平的发展，而且容易发生扭伤事故。因此，科学合理地进行准备活动尤为重要。先做一般性准备活动，后做针对性准备活动。任何剧烈性的比赛都要根据比赛开始时间，提前做好一般性准备活动，如跑步、做操、压腿、全身主要关节绕环活动等，以普遍提高全身各个器官的工作能力。针对性准备活动，也就是与比赛相关的动作，如篮球竞赛前的运球及传球、行进间投篮练习，短跑前的小步跑、高抬腿跑、后蹬跑等。

球类、田径项目，消耗体力很大。人体由相对安静状态到剧烈运动状态应是循序渐进的，有一个准备活动的过程。因为人体是一个对立统一的整体，进行体育比赛时，各种动作对人体的骨骼、肌肉、内脏器官都有很高的要求，不仅运动器官在活动，其他各器官系统在神经系统的调节下也协调地进行剧烈运动。随着代谢水平的提高，需要更多的氧气和营养物质供给身体，而这些营养都是通过呼吸和血液输送到运动器官的。在安静时，人体循环呼吸系统的机能水平较低，脉搏每分钟50~70次，而运动时可达200多次。内脏器官从相对安静状态要经过2~3分钟，才能逐步发挥出较大能力，而肌肉从相对安静状态到活动状态仅仅需要20~30秒就能发挥出较大的能力，因此内脏器官的活动跟不上运动器官对氧气和营养的需求，突然进行剧烈的运动和比赛往往会使人感到心慌、呼吸困难，产生肌肉无力、身体不协调等现象。做好准备活动能使人体各器官系统机能活动兴奋性提高，有助于降低内脏器官的生理惰性，加速运动肌肉与内脏器官的协调配合，缩短进入运动状态的时间，并迅速发展其最大能力，提高运动成绩。同时，也能促进关节滑液的分泌，减少肌肉的粘滞性，增强肌肉关节的弹性和灵活性。

二、日常锻炼

日常体育锻炼是指根据身体简要进行自我选择，运用各种体育手段，并结合自然力和卫生措施，以锻炼身体、增强体质、调节精神、丰富文化生活和支配余暇时间为目的的体育活动。其对促进人体生长发育、培养健美体态、提高机体工作能力、消除疲劳、调节情感、防治疾病等都有重要作用。

（一）锻炼的不同方法

1. 简单、易操作的锻炼方法

（1）爬楼梯。电梯乘坐起来方便、不费力，所以很多人都不会选择爬楼梯。但是，如果时间允许的话，不妨选择走楼梯。走楼梯的时候能锻炼到腿部、臀部和腰部，每天爬楼梯 1~2 次，可以很好地增强腿部力量。一开始可能会觉得腿部发酸，但坚持一段时间，这种情况就会有所改善。

（2）后踢腿。做后踢腿动作不需要太复杂的工具，有桌子或椅子即可，非常方便，随时都可以进行。几组过后，能够让大腿、小腿以及腰部得到放松。

（3）头部运动。头部运动做起来既简单又省空间，前后左右各做几次深点头动作，再顺时针、逆时针做几次绕环动作就可以。头部运动随时可以进行，并且这项运动能起到提神醒脑、促进血液循环的作用。

（4）耸肩、伸手臂。长时间保持坐姿，可不是一件轻松的事，肩膀会又酸又痛，此时耸耸肩、伸伸手臂就可以得到缓解。耸肩时，肩膀向上提稍慢些，保持几秒钟，自然放下。伸手臂时，手臂伸直，由前向上再向侧，然后放下。此过程速度要慢，反复几次，舒展筋骨。

（5）拉伸。保持站立姿势，两脚分开，手臂用力向上伸直，做腰绕环动作，扭扭胯，向前后做深弯腰动作，都能活动腰部肌肉，并且能促进全身血液循环。多做腰部的拉伸动作，例如向上拉伸、向侧拉伸等，保持几秒钟，对减少腰部赘肉、减小将军肚大有好处。

2. 走路锻炼身体的方法

（1）快走。多项权威研究发现，坚持每天快走，能有效对抗糖尿病、减小中风风险等。为保证锻炼效果，快走应至少每次 40~60 分钟。刚开始锻炼的人可以逐渐增加运动频率和时长，先每隔一天走一次，从半小时开始，逐步适应后就要坚持每天锻炼。一般快走时，感觉有点气喘，身体出汗，说明运动量达标了。走的时候挺胸抬头、收腹提臀、曲臂摆动。

（2）倒走。倒走可以锻炼平时很少用到的腰部和背部肌肉，平衡锻炼效果。对久坐的人来说，通过倒走能够有效缓解身体疲劳和腰背酸痛之苦。倒走的时候，建议尽量选择路面平整、人比较少的环境，可以采用正走和倒走结合的方式，每天走半个小时，使身体各部分肌肉都得到锻炼。

（3）走一字步。走一字步时，左右脚要轮流踩在两脚之间中线的位置，左右脚掌着地的同时，分别向左右两侧扭胯，上身保持放松。这种走路方式会带动胯部扭动，有助于增加腰部力量，刺激肠胃蠕动，能有效防治便秘。走一字步的运动量不用太大，把其当成每天健走运动的一个环节，走 500 米即可。另外，走一字步时需要注意，摆髋扭胯的动作幅度不要太大，尽量保持身体平衡，以免扭伤脚踝。

（4）走跑结合。先做短时间高强度运动，再换一种时间稍长的低强度运动，从而给身体留出恢复的时间，叫作间隔式训练，比如走跑结合。与持续的有氧运动相比，间隔式训练的运动强度更高，并且能减少运动后的酸痛和疲劳感。同时，高强度的运动也使得脂肪燃烧速度加快。运动时，可以先快跑 15 秒，然后走路 45 秒，这样交替运动 20 分钟；也可以快跑 60 秒，然后快走3分钟,这样交替进行30分钟,长期坚持就能看到效果。这种方式强度比较大,运动完要抖抖腿,甩甩胳膊,放松全身,以缓解肌肉的紧张感。

3.徒手锻炼身体的方法

(1)深蹲。深蹲的健身效果是非常好的,男女都可以做,而且腿部也是最大的肌肉群,练好了腿部肌肉,不但可以提高基础代谢,还能释放更多的睾酮素来加速其他部位的肌肉增长。

(2)平板支撑。平板支撑作为热门健身动作,各种人都挑战过,但大都坚持不到30秒。在做这个动作时,全身都需要保持绷紧状态,所以十分消耗体力,但这是一个练核心肌群非常有效的动作。

(3)波比跳。波比跳是效果最好的燃脂动作,1个俯卧撑再加1个跳跃,连续做1分钟就能把心率直接抬高到160,从而加快身体的燃脂速度。

(4)卷腹。现在很多仰卧起坐几乎被卷腹替代。因为仰卧起坐不但刺激不到腹肌,而且会给脊椎带来伤害。卷腹则是为了锻炼腹肌而生,可以直接有效地刺激腹肌,效果更佳。

(5)高抬腿。高抬腿是最简单又高效的燃脂动作。运动时,每4分钟为1组,做30秒快速高抬腿,休息30秒,连续做4次。每周做2组,例如周二晚上做1组,周五晚上做1组。每周只需要短短的8分钟训练,就能高效地保持身体健康。这8分钟,能极大效率地减少内脏脂肪。

(6)开合跳。开合跳经常出现在燃脂的课程中,因为这是一个既简单又燃脂,还可以热身的动作。开合跳的强度不大,所有人都可以接受,一般用于训练的前期动作,帮助人们快速热身。

(二)锻炼的不同部位

1.颈椎锻炼

(1)两腿开立,双手交叉卧于脑后。用力将头慢慢拉向前屈,同时颈部肌肉退让做功,直到头被拉前屈至最大程度,然后头对抗双手前拉用力后仰。练习时,用力舒缓,动作慢而匀速。

(2)两腿开立,左手中指按右侧太阳穴。左手将头部向左侧扳,使头慢慢趋向左侧,保持5秒后还原。然后换右手做。练习时肩要下沉。

(3)两腿开立,双手叉腰。头颈自然放松,向左慢慢转头,当下巴转到肩部时,保持5秒后还原。然后换方向练习。练习时,头要正,下颌与肩部保持平行。

(4)两腿开立,双手叉腰。头向左转,慢慢抬头,保持5秒后还原。然后换方向练习。练习时对抗肌要相对放松。

(5)两腿开立,两臂背后。低头、半蹲,同时头向后仰,保持2秒。头后仰时要匀速,同时要挺胸、塌腰。

(6)两腿开立,双手叉腰。头向前移,颈部向前探,然后还原成预备姿势。此练习也可采用坐姿进行。身体正直,不能前倾,肩部要放松,不能耸肩。

(7)两腿开立,双手叉腰。头慢慢向左环绕1周,然后再向右环绕1周。环绕时对抗肌要相对放松。

2. 肩部锻炼

（1）两腿开立，两臂垂于体侧。双肩慢慢上提至耳朵下方，然后下沉，颈部有意识地伸长。头与颈不要前探。

（2）两腿开立，双手叉腰。左肩向前绕同时右肩稍向后摆，然后换方向做。肘关节摆动不要过大。

（3）自然站立，手持哑铃，两臂自然下垂。直臂前摆，当两臂与肩平行时还原。身体始终保持正直。

（4）两臂侧平举，握拳。体前直臂快速交叉，中途没有停顿，两臂侧摆时要有力。双拳始终紧握。

（5）坐立，手持哑铃，两臂自然下垂，后背紧贴椅背。两臂交替做前平举、上举练习。身体始终保持正直。

（6）两腿开立，双手握拳。以小臂带动大臂，做直臂向前或向后的大环绕。身体始终保持正直。

（7）两腿开立，双手握拳，一臂上举，一臂下垂。两臂依次上举后振。两臂始终要伸直。

3. 背部锻炼

（1）两腿开立，双手体后五指交叉。两臂伸直，双手用力向上提，夹背抬头，然后上体慢慢前屈，同时两臂用力上抬，然后还原。速度要均匀。

（2）双手体后撑椅或床边，屈臂屈膝，椅（或床）前下蹲。两臂撑起的同时挺胸抬头，然后下蹲还原。速度要均匀，脚的位置不能移动。

（3）两腿开立，上体前屈与地面平行，手持哑铃拳心朝后，两臂自然下垂。两臂沿身体两侧向后摆，同时双臂向后上提，努力使肩胛骨合拢。速度要均匀，两腿伸直，抬头。

（4）两腿开立，上体前屈与地面平行，手持哑铃两臂自然下垂。上体保持不动，两臂摆至侧平举，然后还原。两臂要摆至与肩平行，同时保持抬头姿态。

（5）两腿开立，上体前屈与地面平行，手持哑铃两臂自然下垂。屈肘，将哑铃提拉至腹部，抬头夹背，然后还原。尽量将哑铃拉近腹部，并保持抬头的姿态。

4. 腹部锻炼

（1）仰卧，两臂伸直上举。弯曲两腿，将两膝提至胸部，上体同时前倾，双手抱住小腿，然后还原。速度不要太快。

（2）仰卧，两臂伸直于体侧，头部抬起。保持头部抬起，两腿伸直上举至60°，然后还原。

（3）仰卧，两腿弯曲，两臂头后屈。上体抬起到一定高度（上体与地面夹角约35°），然后慢慢还原。肘关节始终向侧，不要内扣。

（4）仰卧，两臂伸直上举，两腿屈膝分开。向左、右两腿的方向依次做肩起位仰卧起坐练习。仰卧起坐时，肩离开地面约45°即可。

（5）仰卧，两臂伸直于体侧，头部抬起。两腿伸直抬起（腿与地面夹角约30°），在空中向左右方向依次画圆（每个方向各10次），然后还原。头部始终抬起。

（6）仰卧，两臂伸直于体侧，两腿伸直，在空中做上下交叉动作。头部始终抬起。

（7）仰卧，腿并拢屈膝，脚离地面10厘米。小腹用力使腿部举起，臀部离地，然后还原。腿一定要弯曲，下落时脚不能着地。

（8）坐立，两臂伸直于体后支撑，屈膝抬腿，使双膝尽力靠近胸部。双膝位置不动，小腿做屈伸动作。

（9）两腿并拢伸直，肘支撑，上体抬起45°。一腿前屈收至胸前，另一腿前伸离地10厘米。两腿交替进行。

（10）仰卧，两腿上举交叉，两臂伸直于体侧。腹肌收缩，两腿用力上举，使臀部离地，然后还原。

5.大腿锻炼

（1）仰卧，两臂侧平举，两腿并拢上举。两腿侧屈，足心相对，然后两腿伸直外展，再还原成预备姿势。腰部不要离地。

（2）身体竖立，双手扶把杆（或椅子），用力向侧踢腿。大腿外旋，脚背向上。

（3）左侧卧两腿并拢。右腿屈膝，右足尖触左膝部，右腿向上伸直外展，左腿上举与右腿并拢，然后左腿先慢慢放下，接着右腿再慢慢放下，还原成预备姿势。动作缓慢而匀速。

（4）身体竖立，一手扶把杆（或椅子），另一臂侧举。直腿前后摆动。摆腿时身体要保持正直。

（5）身体竖立，双手扶把杆（或椅子），双脚脚跟并拢，脚尖呈一字形打开，下蹲，然后还原。下蹲时身体要保持正直，脚跟不要离地。

（6）两腿开立，双手叉腰，双脚向两旁打开，脚尖呈一字形下蹲，然后还原。下蹲时身体要保持正直，脚跟抬起。

（7）俯卧，两腿伸直并拢，肘支撑上体抬起。两腿向上做弯举，同时勾脚，使脚跟尽量接近臀部，然后还原。

（8）仰卧，两腿伸直并拢，两臂侧举。左腿由右侧开始做绕环，然后换右腿由左侧开始做绕环。一条腿做绕环时，另一条腿及上体不能离开地面。

6.全身锻炼

（1）全速跑。全速跑是一种快跑，需要用尽速度跑到终点，属于无氧运动。全速跑作为无氧运动中最有名的一种，具有相当有效的消脂效果。

（2）跳绳。跳绳属于有氧运动，当进行跳跃的频率高达一定程度时，跳绳就会转换为无氧运动。跳绳是一项全身运动，需要准备一条不长不短的绳子，双手持绳子的手柄，用手臂将绳子顺着身体绕起来，当绳子通过脚下的时候跳起来，整个动作要流畅连贯。

（3）俯卧撑。俯卧撑可以锻炼到手臂、胸部、腹部、腿部，属于一种高效减肥的无氧运动。俯卧撑有丰富的种类。最为普通的俯卧撑就是用手部和脚部的力量，将整个身体支撑起来，记住身体绷紧，尤其是腹部，进行有节奏的起身和降低身体运动。

（4）慢跑。慢跑是有氧运动，不仅可以减肥，还能帮助自己的身体机能得到有效的提升。我们可以把慢跑当作一种业余爱好，每天都进行 30 分钟的慢跑，有利于减肥。

（5）游泳。游泳是有氧运动，因为是长期处于水中，消耗的热量比陆地运动消耗的热量多很多，而且游泳作为一种全身运动，帮助人们刺激身上几乎全部的肌肉，能够强身健体、瘦身减肥。

拓展阅读

体育锻炼后注意事项

一、忌大量饮水

体育锻炼后，出汗较多，如果这时大量饮水，会给血液循环系统、消化系统，特别是心脏增加负担。饮水还会出更多的汗，使盐分丢失，从而引起痉挛、抽筋等症状。

二、忌马上吃冷饮

体育锻炼使大量血液涌向肌肉和体表，而消化系统则处于相对贫血状态。马上吃冷饮不仅降低了胃的温度，而且冲淡了胃液，轻则引起消化不良，重则导致急性胃炎。

三、忌马上洗澡

体育锻炼后，出汗较多，体表毛细血管扩张，体内热量大量散发。此时，若遇冷水会导致毛细血管骤然收缩，易引起疾病。若遇热水，会增加体表的血流量，引起心脏、大脑供血不足，有引发心脑血管疾病的危险。

三、体质健康测试

为建立健全国家学生体质健康监测评价机制，激励学生积极参加身体锻炼，教育部印发了《国家学生体质健康标准》（以下简称《标准》），要求各学校每学年开展覆盖本校各年级学生的《标准》测试工作，并根据学生学年总分评定等级。只有达到良好及以上的学生，方可参加评优与评奖。《标准》将学生按照年级划分为不同组别，身体形态类中的身高、体重，身体机能类中的肺活量，以及身体素质类中的 50 米跑、坐位体前屈为各年级学生共性指标。

（一）测试前注意事项

《标准》是国家对每一名学生的体质状况的基本要求。若测试成绩不及格，将影响个人的评优、评先以及毕业等。学生在测试前要注意以下事项：

（1）加强体育锻炼，养成良好的锻炼习惯。

（2）测试前期身体不适或有感冒的同学可申请延后测试。

（3）测试前注意休息，切忌熬夜。

（4）测试时必须携带身份证或学生证等有效证件，提前 10 分钟到达指定地点。

（5）穿着运动服、运动鞋参加测试，测试前要做好充分的准备活动，以免出现意外。

（6）有特殊病史或不适宜参加测试的同学需办好免测手续。

（二）测试项目及注意事项

1.身高、体重

（1）测试目的：测试学生身高、体重、形态指数。

（2）测试方法：受试者赤足，身着轻装立正姿势站在身高体重仪的底板上（上肢自然下垂，足跟并拢，足尖分开成60°）。足跟、骶骨部及两肩胛区与立柱相接触，躯干自然挺直；头部正直，耳廓上缘与眼眶下缘是水平位。测试人员坐在受试者右侧，进行刷卡或输入学号。按"开始键"，水平压板轻轻沿立柱下滑，触及受试者头部时，自动停止下滑，则测试完毕。测试结果显示在屏幕上，语音提示测试结果，主机将测试结果传送到计算机，测试完毕。

（3）注意事项：受试者保持自然呼吸，双膝伸直自然放松站立，目视正前方。不可携带任何无关物体上秤。

2.肺活量

（1）测试目的：测试学生的肺通气功能。

（2）测试方法：使用干燥的一次性口嘴，受测者面对仪器双脚平行站立，手持吹气口嘴；面对肺活量计站立深吸气（避免耸肩提气，应该像闻花式地慢吸气）；吸气后屏住气再对准口嘴以中等速度和力度吹气，防止此时从口嘴处吸气；向口嘴处慢慢呼出至不能再呼为止；吹气完毕后，液晶屏上最终显示的数字即肺活量毫升值。

（3）注意事项：测试前检查口嘴或鼻处是否漏气。测试中不可停顿或二次吸气、吹气。

3.50米跑

（1）测试目的：测试学生的灵敏性和下肢爆发力。

（2）测试方法：受试者至少两人一组测试。站立起跑，受试者听到"跑"的口令后开始起跑。发令员在发出口令的同时要摆动发令旗。计时员视旗动开表计时，受试者躯干部抵达终点线垂直平面后沿停表。以秒为单位记录测试成绩，精确到小数点后一位，小数点后第二位按非"0"时则进1，如10.11秒按照10.2秒计取。

（3）注意事项：受试者测试不得穿钉鞋、皮鞋、塑料凉鞋。发现有抢跑者，应当立即召回重跑。如遇风时一律顺风跑。

4.坐立体前屈

（1）测试目的：测试学生静止状态下的躯干、腰、髋等关节可能达到的活动幅度，主要反映这些部位的关节、韧带和肌肉的伸展性、弹性及学生身体柔韧素质的发展水平。

（2）测试方法：受试者两腿伸直，两脚平蹬测试纵板坐在平地上，两脚分开10~15厘米，上体前屈，两臂伸直，用两手中指尖逐渐向前推动游标，直到不能前推为止。

（3）注意事项：身体前屈，两臂向前推游标时两腿不能弯曲。受试者应匀速向前推游标，不可突然发力。

5.1分钟跳绳

（1）测试目的：测试学生的下肢爆发力和身体协调能力。

（2）测试方法：两人一组，一人测试，一人计数。受试者将绳的长短调至适宜长度，听到开始信号后开始跳绳，动作规格为正摇双脚跳绳，每跳跃一次且摇绳一回环（一周圈），计为一次。听到结束信号后停止，测试员报数并记录受试者在1分钟内的跳绳次数。测试单位为次。

（3）注意事项：测试过程中如果发生跳绳绊脚，除该次不计数外，应继续进行。

6.立定跳远

（1）测试目的：测试学生下肢肌肉力量及身体协调能力的发展水平。

（2）测试方法：受试者两脚自然分开站立，站在起跳线后，脚尖不得踩线（最好用线绳做起跳线）。两脚原地同时起跳，不得有垫步或连跳动作。丈量起跳线后沿至最近着地点后沿的垂直距离。每人测试3次，记录其中成绩最好的一次。保留2位小数。

（3）注意事项：发现犯规后，此次测试成绩无效。3次测试均无成绩者，此项成绩按0分计算。可以赤足，但不得穿钉鞋、皮鞋、塑料凉鞋参加测试。

7.引体向上（男生）

（1）测试目的：测试学生上肢肌肉力量的发展水平。

（2）测试方法：受试者跳起双手正握横杠，两手与肩同宽成直手臂悬垂。静止后，两臂同时用力引体（身体不能有附加动作），上拉到下颌超过横杠上沿为完成一次。记录引体向上次数。

（3）注意事项：对初次引体向上困难者，可以采取辅助上提措施。手上注意抹防滑粉，提高抓杠能力。注意过程中保持上快下慢。

8.1分钟仰卧起坐（女生）

（1）测试目的：测试学生腹肌耐力。

（2）测试方法：受试者两手手指交叉抱于脑后，双腿稍分开，屈膝呈90°，仰卧于铺放平坦的软垫上。另一同伴压住受试者两侧踝关节处，固定下肢。当受试者听到"开始"口令后，双手抱头、收腹使躯干完成坐起动作，双肘关节触及或超过双膝后，还原至开始姿势，为完成一次仰卧起坐动作。受试者须连续不断地重复此动作，持续运动1分钟。测试人员在发出"开始"口令的同时，开表计时，记录受试者在1分钟内完成仰卧起坐的次数。测试单位为次。

（3）注意事项：如发现受试者借用肘部撑垫或臀部起落的力量坐起时，该次不计数。受试者双脚必须放于垫上。

9.1 000米跑（男生）

（1）测试目的：衡量学生心肺机能的发展水平。

（2）测试方法：测试者按照顺序在测试点前排队等候。听候监考员指令逐个分头刷卡录入信息测试，领取背心和芯片，并按要求分别戴好，进入指定测试区。按顺序站在1 000米起点，要求站立式起跑，听到发令员下达的"预备，跑"的指令后，即开始起跑，严禁抢跑。通过终点时必须通过测试毯，身体到达终点线的垂直面时，测试结束。全部测试结束后按背心号码顺序站好，逐一刷卡打印成绩，脱下背心、摘下芯片后，该项目测试完毕。本组考生集体到成绩终端点查看成绩后有序退场。

（3）注意事项：严禁穿钉鞋、皮鞋和凉鞋测试，严禁抢跑，严禁起跑后拥挤导致大面积摔倒，确保跑的途中安全。

10.800米跑（女生）

（1）测试目的：衡量学生心肺机能的发展水平。

（2）测试方法：测试者按照顺序在测试点前排队等候。听候监考员指令逐个分头刷卡录入信息测试，领取背心和芯片，并按要求分别戴好，进入指定测试区。按顺序站在800米起点，要求站立式起跑，听到发令员下达的"预备，跑"的指令后，即开始起跑，严禁抢跑。通过终点时必须通过测试毯，身体到达终点线的垂直面时，测试结束。全部测试结束后按背心号码顺序站好，逐一刷卡打印成绩，脱下背心、摘下芯片后，该项目测试完毕。本组考生集体到成绩终端点查看成绩后有序退场。

（3）注意事项：严禁穿钉鞋、皮鞋和凉鞋测试，严禁抢跑，严禁起跑后拥挤导致大面积摔倒，确保跑的途中安全。

知识链接

表5-1 大学生体质健康测试单项指标与权重

单项指标	权重/%
体重指数（BMI）	15
肺活量	15
50米跑	20
坐立体前屈	10
立定跳远	10
引体向上（男生）/1分钟仰卧起坐（女生）	10
1 000米跑（男生）/800米跑（女生）	20

注：体重指数（BMI）=体重（kg）/身高的平方（m^2）

表 5-2　体重指数（BMI）单项评分表

单位：kg/m²

等级	单项得分	男	女
正常	100	17.9~23.9	17.2~23.9
低体重	80	≤ 17.8	≤ 17.1
超重	80	24.0~27.9	24.0~27.9
肥胖	60	≥ 28.0	≥ 28.0

第六章 第二课堂+美育实践

美育,又称美感教育或审美教育,即培养学生认识美、体验美、感受美、欣赏美和创造美的能力,使学生具有美的理想、美的情操、美的品格和美的素养,是全面发展教育不可缺少的组成部分。我国社会主义学校的美育是为建设社会主义精神文明和培养学生心灵美、行为美服务的。美育可以提高学生思想水平,陶冶学生道德情操;可以丰富学生知识,发展学生智力。

第一节 第二课堂+美育实践概述

一、美育实践的概念

美育实践一般指可以培养学生审美能力,提高美感素养的活动,主要表现在文艺活动和技能特长两个方面。美育实践对于培养学生形成健康的审美观念和能力,陶冶高尚的道德情操以及全面发展具有重要作用。

文艺活动是学校实施美育实践的主要内容和途径,它有着其他教育方式所没有的、独特的、不可替代的作用,是学校教育的重要组成部分。同时,文艺活动也是高校学生第二课堂美育实践的重要组成部分,是高校学生丰富校园文化和提升综合素质的重要平台,也是学校以文化人和以文育人的重要举措。

技能特长是指个体通过挖掘自身天赋,结合自身的知识与经验,通过不断领悟与练习,在某一领域拥有的超出普通水平的、突出的能力。技能特长同样是高校学生第二课堂美育实践的重要组成部分,作用于个体的成长发展,对个体的全面提升能够起到良好的促进作用。

二、美育实践的基本任务及意义

（一）美育实践的基本任务

1. 培养高校学生充分感受现实美和艺术美的能力

要求在培养学生敏锐的感觉能力的同时，发展学生高尚的审美情感；还要求培养学生审美的比较及分析能力，以区别真善美与假丑恶；培养学生审美的想象和联想能力，以掌握艺术形象。

2. 培养学生具有正确理解和善于欣赏现实美及艺术美的知识与能力

为了使学生具有艺术修养，就要使他们掌握各门艺术的基本知识，逐步形成马克思主义的文艺观点和审美标准；还要让学生分析和评价艺术作品和社会上的美好事物，以培养他们审美的能力；更重要的是激发他们对艺术的兴趣，培养他们爱美的情感，抵制各种精神污染。

3. 培养和发展学生创造现实美与艺术美的才能和兴趣

要使学生学会按照美的法则建设生活，养成美化环境以及生活的习惯。要注意组织学生参加各种艺术实践活动，发展他们创造艺术美的才能和兴趣，尤其要注意发展有艺术才能的学生的特长。

（二）美育实践的意义

1. 文艺活动的意义

（1）高校学生实现全面发展的重要渠道。文化育人历来是高校育人模式的重要组成部分，文艺活动是文化育人的重要途径，是培养学生综合品质的重要渠道。文艺活动本身具有丰富的艺术价值和人文内涵，孕育着丰富的教育内容。学生以兴趣、爱好、特长为出发点参加文艺活动，可以在思想感情上得到熏陶，在精神生活上得到充实，在道德境界上得到升华，提升了人文素养、文化人格和审美情操，进而塑造心灵美、培养人格美、铸造行为美。此外，在活动过程中，大学生群策群力，发扬团结协作精神，培养了社会交往能力，锻炼了组织协调和解决问题的能力，提高了综合素质，不断促进自身全面发展。

（2）学校加强校园文化建设的重要抓手。校园文化是一个学校风格和精神的集中体现，承载着第一课堂无法替代的价值功能。校园文化建设是凝聚人心、激发创新、保持奋进的持久动力。文化对人的培养和塑造往往是润物无声的，推进高校内涵发展和建设必须有一流的校园文化。文艺活动是校园文化的重要组成部分，也是校园文化建设的重要抓手。高校通过举办主题明确、内容丰富、形式多样的文艺活动，可以进一步占领学生的思想文化阵地，加强学生思想政治引领和价值引领，同时营造良好的校园文化氛围，为学生的成长、成才提供载体和平台。

2. 技能特长的意义

（1）促进个性发展。人的个性呈现将决定一个人的职业选择、行为方式和发现模式，学生学习技能特长是促进其个性发展的有效途径。在学习技能特长的过程中，学生能逐渐发现自身的天赋与才能，发掘个人的兴趣与爱好，校准个人专注的事业与方向；有利于更为客观、全面、深刻地认识自己，提升自己的气质、内涵、修养，树立自信、自立、自强等价值理念，塑造正确的世界观、人生观、价值观。在日常的学习生活中，一方面，学生可以从个人兴趣爱好出发，选择自己喜爱的、擅长的领域进一步学习深造，如声乐、舞蹈、篮球、古琴、书画等；另一方面，可以基于对自身个性的了解，与自身专业实际相结合，有意识地通过参加各类专业学科竞赛、创新创业大赛等培养自己的专业能力，挖掘自身潜能，发展专业技能，并使之成为自己的技能特长。在个体长期实践锻炼的积累与扎实功夫的练就中，不断彰显自身独特的个性魅力与风采。

（2）提升实践能力。实践能力是人发挥主观能动性，在实践过程中汲取人民群众的智慧和经验，经过再加工而形成与发展起来的，具有较强的可塑性。学生应紧抓阶段性契机，从自身兴趣出发培养一技之长，在学习过程中不断提升自身实践能力，进而提高自身的核心竞争力。实践表明，学习技能特长的过程就是增强体验感与融入感的过程，通过激发学生的学习意识与发展意识，实现学生由"学会"向"会学"转变，逐渐适应社会需求，提高发展素质。学习技能特长不仅能充分调动个人的主观能动性，还能积极促进学生自主、自觉、主动地发现问题、分析问题、解决问题，锻炼学生的感知能力、归纳能力、反思能力和协调能力等，使其独立思考能力得到锻炼、自主创新能力得到拓展、动手能力得到提高。

（3）塑造高雅志趣。高校学生是未来社会的精英、国家的栋梁、民族的希望，应该具有更为高雅的志趣追求和人格品德诉求。富兰克林说过，有非常之胆识，始可从事非常之事业。当今时代，部分人的社会价值取向还不同程度存在趋向功利化、世俗化、平庸化的思想，这绝不应该成为学生的生活态度与精神追求。学生应始终牢牢把握时代进步的潮流，以高尚的人格道德、宽广的知识见识、扎实的专业功底武装自己、激励自己。技能特长的学习有利于培养兴趣爱好，树立远大理想，塑造高雅志趣。通过技能特长的学习，学生对所学技能特长本身的理解逐渐加深，有利于在培养个人实践经验、思维能力、艺术素养等基础上进一步提升个人品位与审美能力，从而激发学生对于美的知觉力、感受力、想象力、判断力、创造力。将技能特长的学习与个人生活经验、社会经历相结合，有利于学生进一步开阔认知、拓展思维、培养志趣，成长为专业型、精英型人才。通过技能特长的学习，学生对自身责任感、使命感认识更加深刻，有利于涵养家国情怀、培养报国之志。

（4）培养综合素质。高校学生成长、成才的过程是一个不断认识自我、认识世界、改造自己又改造世界的过程。要实现自我改造，加强自我与世界的联系、提高自身综合素质就显得尤为重要。学习技能特长是从个人发展角度出发，结合自身实际，自主选择、学习的结果，与个人综合素质有着直接且紧密的联系。不论是以专业为背景不断加深专业学识，还是以兴趣为导向不断发展个人天赋，抑或是以职业化为目的不断提升个人素养，都代表着个人对自我发展的思考与探索，有利于学生综合素质的培养。因此，学生要充分利用课内外时间，加强对技能特长的探索与学习，充分认识自我与时代、与祖国、与周边环境的关系，不断在自我综合素质培养的过程中下功夫，努力弥补自身不足，克服自身薄弱环节，使自己具备独立性、坚强性、向上性等优秀个人品质，真正成为社会的栋梁之材。

> 知识链接

表6-1 专业技能证书一览表

类别	证书名称	主办单位
计算机类	CCF计算机软件能力认证	中国计算机学会
	国家计算机等级考试证书（一级、二级、三级、四级）	教育部考试中心
	通信工程师(初级、中级、高级)	人力资源和社会保障部、工业和信息化部
	注册信息安全专业人员	中国信息安全测评中心
	华为认证ICT工程师、华为认证高级工程师、华为认证ICT专家	华为技术有限公司
语言类	英语专业四级证书	高等学校外语专业教学指导委员会
	英语专业八级证书	高等学校外语专业教学指导委员会
	英语专业四级口语证书	高等学校外语专业教学指导委员会
	英语专业八级口语证书	高等学校外语专业教学指导委员会
	上海市外语口译岗位资格证书	上海外语口译证书委员会、上海外国语大学
	上海市英语口译基础能力合格证书	上海市外语口译岗位资格证书考试委员会
	全国翻译专业资格考试 一级笔译/一级口译 二级笔译/二级口译 三级笔译/三级口译	人力资源和社会保障部、中国外文出版发行事业局
	全国外语翻译证书考试 初级笔译/初级口译 中级笔译/中级口译 高级笔译/高级口译	教育部考试中心、北京外国语大学
	剑桥商务英语证书	英国剑桥大学考试委员会
	PTE学术英语证书	英国培生教育集团
	雅思	英国文化协会、剑桥大学考试委员会、澳大利亚教育国际开发署

续表

类别	证书名称	主办单位
语言类	托福	美国教育测验服务社
	托业	美国教育测验服务社
	日本语能力测试	日本国际交流基金会、日本国际教育支援协会
	大学德语四级证书	高等学校外语专业指导委员会
	德福	中国教育部考试中心、德国学术考试开发协会
	英语教师资格证	教育部考试中心
环境保护类	全国信息化工程师——GIS应用水平考试	工业和信息化部人才交流中心
	ESRI技术认证考试	Esri公司
	MapGIS技术认证	教育部GIS软件及其应用工程研究中心
	注册测绘师资格证书	人力资源和社会保障部、国家测绘地理信息局
	计算机技术与软件专业技术资格(水平)考试	人力资源和社会保障部、工业和信息化部
法律实务类	法律职业资格证	司法部
工商管理类	系统集成项目管理工程师	人力资源和社会保障部、工业和信息化部
	信息系统监理师	人力资源和社会保障部、工业和信息化部
	系统规划与管理师	人力资源和社会保障部、工业和信息化部
	系统分析师	人力资源和社会保障部、工业和信息化部
	信息系统项目管理师	人力资源和社会保障部、工业和信息化部
	会计专业技术资格证书	人力资源和社会保障部、财政部
	税务师职业资格证书	全国税务师行业协会
	资产评估师职业资格证书	人力资源和社会保障部、财政部
	经济专业技术资格证书(初级)	人力资源和社会保障部
	审计专业技术资格证书(初级)	人力资源和社会保障部

续表

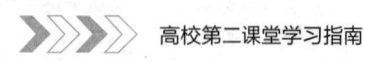

类别	证书名称	主办单位
工商管理类	国际财务管理师证书	人力资源和社会保障部批准国际财务管理师证书在华注册机构
	初级管理会计师专业能力证书	中国总会计师协会
	全国外贸会计资格证书	中国对外贸易经济合作企业协会、中国对外经济贸易会计学会
	智能财务师专业能力水平证书	上海国家会计学院
	税务管理师初级专业能力水平证书	上海国家会计学院
	企业人力资源管理师证书（三级、四级）	人力资源和社会保障部
	营销员（国家职业资格五级）	人力资源和社会保障部
	电子商务设计师	人力资源和社会保障部、工业和信息化部
	多媒体应用设计师	工业和信息化部教育与考试中心
经济贸易类	初级会计职称	人力资源和社会保障部、财政部
	注册会计师	中国注册会计师协会
	国际注册会计师	特许公认会计师公会
	特许金融分析师（一级、二级）	美国投资管理与研究协会
	金融风险管理师	全球风险管理专业人士协会
	美国注册管理会计师	美国管理会计师协会
建筑设计类	平面设计师认证	Adobe 中国授权认证培训考试中心
	国际注册设计师	国际执业管理认证中心
	室内设计师资格证书	中国室内装饰协会
	Revit Architecture 工程师认证	Autodesk 公司

第二节　美育实践的组织与管理

一、第二课堂美育实践活动的构建

构建第二课堂美育实践活动需要注意以下几点：

首先，要打造志愿服务项目，为第二课堂的美育实践夯实基础。结合专业特色，充分让学生在志愿服务中实践真知。通过项目品牌的树立，引导学生服务社会的意识，把专业与实践相结合，学生的能力便能得到提升。参与志愿服务应该成为学生的一种精神风尚，形成学院独特的志愿服务文化，鼓励更多的学生投身到各类志愿服务中。

其次，要建立有特色的实践基地，为第二课堂的美育实践提升温度。高校可以充分和企业合作，让学生在企业建立实践基地，利用课余时间进行社会实践。

最后，要丰富线上线下活动，为第二课堂的美育实践拓宽渠道。线上利用网络信息技术发展的影响，教育工作者要把育人模式向互联网育人模式过渡，利用互联网的优势，用学生喜闻乐见的方式进行润物细无声的美育教育。线下注重学生社团的建设，指导教师要把美育目标落实到指导社团中，引导学生用美的视角去看待事物，达到提升素质的目的，进一步弥补教学课堂缺失的美育教育。充分调动退休党员教师的积极性，让老教师继续发挥余热。因为退休党员教师理想信念坚定，执着于党的教育事业，而且他们资质深厚，完全可以胜任社团指导工作。

除了线下的社团建设外，还可以以网络为载体，开展线上师生共读一本书以及经典诵读打卡活动。抓住入学教育关键期，向学生布置共读一本书的篇目。该活动不仅可以促进师生交流，还能让学生找到心中的平静，品读书中意境，得到思想的升华。

二、组织人员

学校美育在校长领导下应由学生处、教务处和总务处共同负责管理，学校的共青团等组织都应负责实施美育活动。为了使全校的美育活动有组织地计划与实施，可以由校长聘请一些有关的和热爱美育的教师共同组织一个美育管理委员会，统筹全校的美育设施和工作。各年级或各班可成立美育管理小组，负责本单位的美育活动。美育活动可以单独进行，也可以结合德、智、体、劳各育共行。

三、组织与管理途径

（一）课内美育实践

各科教学都可以进行美育实践，尤其要抓艺术学科的教学，如文学、音乐、体育、美术等，必须充分体现美育的要求。文学课是语言文学的艺术课，它能从各方面形象化地反映自然、社会和人的思想状态美，能创造典型的完美形象和性格。学生学习优秀的文学作品，如故事、小说、童话、寓言、诗歌、风土人情的描述等，不仅能获得丰富的新鲜知识，开阔眼界，提高认识，而且能从现实的体验中，受到情绪感染，鼓舞士气，心胸开朗，爱憎分明，增强鉴别美丑、善恶、真伪的能力。在教学中还要加强学生的文学创作的练习，以提高写作能力。学校领导必须强调和宣传音乐、美术、舞蹈、体育等学科的重要意义，以实现全面发展的教育方针。一方面要培养全体学生的审美观，另一方面要选拔和培养突出的艺术人才，使之能在艺术创作表演上做出突出的贡献。

音乐是声音的艺术，能用音响、节奏、旋律来塑造艺术形象，通过听觉来影响人的情感和士气。靡靡之音使人听了丧失锐气，沉醉于消沉糜烂的生活之中；开朗快乐的音乐或歌唱可以振作精神，鼓舞斗志，引人入胜，陶冶情操，丰富精神生活，因此在中小学里应加强音乐教育。首先学练唱歌，培养人人能唱的能力和习惯，避免出现在联欢会上不敢开口的窘态。其次要学习音乐知识，养成音乐欣赏能力，培养爱好音乐的情感，能欣赏独唱、合唱、独奏、合奏、歌剧、戏曲、交响乐等，并培养发展每个人的音乐表达和创造的才能。

美术是利用视觉的直观形象反映社会生活和自然现象，它可以使学生从形象和色调上感受到美，从它所表现的意境和思想感情上，增加对生活的认识，激发对生活的热爱，提高对英雄人物的崇敬。学生在学校的课内外活动中学习一定的美术知识和绘画、雕塑、木刻、纸工、泥工、木工、编织、刺绣等技能，不仅有助于培养审美观念，而且可以为以后的工作创造实用价值。

舞蹈是由人体姿态有节奏、有组织地变换运动所构成的有意义的艺术形象。这种形象与音乐配合把形体造型提高到艺术完美的程度，给人以美的享受。学习舞蹈可以提高审美能力，促进身体健康匀称地发展，培养活泼开朗、勇敢乐观的精神，使感情丰富，并表现优美的活动。所以舞蹈教育是各高校应提倡和实施的，在其他各学科中都应适当地结合美育进行教学，给学生以审美感。如教师的服饰礼仪和言语表达、教师的板书和声调都应适当地讲究美。在各科的教学内容和方法上也应注意美育的要求，并善于处理。

（二）课外美育实践

1. 利用自然界的美进行审美教育

大自然的山脉河流、原野森林、湖海潮汐、飞禽走兽等自然现象，都是美育的教材。因此，定期组织师生去徒步旅行、露营、参观和野外实习等，可以欣赏自然的美，并丰富与自然相关的科学知识。可以进一步进行调查、访问和座谈，了解当地社会的建设成就、名胜古迹和革命斗争历史，当地的历史英雄和名人诗词、风土人情、神话传说，引起学生的向往和赞叹，加深其对美的感受。还可以指导学生进行写生、摄影、采集标本、写游记、做诗文，以加深印象，提高艺术创作能力。

2. 利用日常生活进行美育教育

日常生活是美育的又一重要来源。组织学生参加一定的社会活动、生产活动和公益劳动，美化校园中教室、宿舍、食堂、礼堂等地环境。

3. 组织表演会

组织音乐、舞蹈、戏曲、相声、杂技、曲艺等表演会，并邀请学生家长和附近的社会人士参加指导，以丰富学校教师、学生的校风审美，从而促进课外美育学习，提高学校的美育教育质量。

4. 艺术成果展示

举办学校艺术成果（图画、书法、雕塑、编织等作品）的展览会、讲评会、交流会，以提高学生的审美兴趣、知识和技能。

5. 组织参观活动

组织学生参观美术馆、博物馆、陈列馆、别校的展览会，以激发高校学生的喜爱美、鉴赏美和创作美的热情与能力。

6. 组织美学、美育的报告会和示范表演会

邀请美学家、音乐家、戏剧家、舞蹈家等来校讲演报告，现身说法，亲自示范表演，以引起学生的爱美兴趣、提升创作美的能力。

7. 日常美育培养

最常用的美育方法是看电影、电视和听广播。对于典型性或有争议的影片，应在观看前准备好讲解词，观后进行讨论以便更加清晰地了解思想内容的好坏和艺术表现水平的高低，从而加深印象，提高识别能力。

（三）充实美育师资队伍

师资队伍建设是美育工作的关键。学校应提高对美育教师的重视程度，在评优、评奖、评职称等方面综合考虑美育教师，构建更加契合学科特点的职称评聘方法，吸引大批艺术人才从教。

在政策方面，可以适当向美育教师倾斜，减少美育教师队伍的外流。同时，创新学校美育师资培养和管理体制机制，可以通过定期培训、邀请专业美育教师讲解、组织本校美育教师外出学习等多种方式提高美育教师队伍的素质与水平。当然素质与水平的提升不仅仅局限于美育知识方面，还包括教学方式、教学理念等多方面。具体而言，要改变以往陈旧的教学理念，加强与学生的互动，带领学生走出课堂，将美育与生活紧密联系起来；从知识、技能、情感等多方面确定教学目标，采用多媒体、情景创设、走入自然等多种教学方式激发学生的学习兴趣，调动学生的学习积极性；从作品、生活等多方面评价学生的美育学习效果，点燃学生美育学习的热情。

（四）构建科学的美育课程体系

在学校美育课程方面，各地均要按照课程设置方案和课程标准、教学指导纲要，开齐开足

开好美育课程，充分保障美育实施的教学资源，充分实现艺术教育在美育中的基础功能和价值。要注重拓展美育教学外延，在多学科教育中融合、渗透美育内容，强调美育与学生综合素质教育相融合。在德育中开展以生活实践和课外实践为基础的现实教育，促进学生思想、道德、政治意识和情感的健康发展；在自然学科教育中发展自然美的欣赏与创造能力，促进学生学科素养的全面发展；在人文学科教育中则利用学科优势，使学生更深入地实践人文艺术感性认知理论。

（五）发挥美育评价导向功能

全面加强和改进新时代学校美育工作，还需充分发挥教育评价的诊断、激励和导向作用，采用发展性评价、多元化评价等综合评价方式，建立以学生为本、以发展为本的一体化评价机制。首先，利用发展性评价模式，引导学生形成艺术爱好，提升艺术素养；其次，采用多元化评价模式，打造面向人人的学校美育育人机制。

（六）探索构建美育协同育人机制

一方面，加强学段纵向衔接，构建跨学段美育实施体系；另一方面，加强资源内外统筹，构建家庭、学校、社会美育实施体系。新时代学校美育的一体化建设要重视多元主体的参与，坚持校内与校外、课堂主阵地与课外实践活动相互协同，拓展教学空间，挖掘内外资源，形成主体间有效合作和协同美育模式。

第三节　美育实践的设计与开展

一、美育实践的基本要求

高校美育实践具有育人、服务社会的双重功效，对于各高校来说，一方面美育实践离不开高校教师及广大学生的积极参与，高校是文艺创作的有生力量，是文艺传播的重要途径；另一方面美育实践也是加强高校文化建设、实现育人功能的基本内容和客观要求。因此，各高校要全面、客观分析当前美育实践的现状和问题，提出有效的解决措施，以提升校园美育实践品质，进而歌颂真善美，引导正确的社会价值取向，实现育人和社会服务的双重功效。

2020年10月15日，中共中央办公厅、国务院办公厅发布了《关于全面加强和改进新时代学校美育工作的意见》，再一次强调学校要把美育纳入各级各类学校人才培养全过程，贯穿学校教育各学段，要充分认识以美育人的时代价值，积极寻找有效实践路径。

在美育实践活动开展的过程中，应该把握以下几点内容：

（一）学校美育的作用不可替代

在现今的社会中，发现美、认知美、评价美、判断美和创造美的能力，逐渐成为衡量一个人综合素质的重要指标；掌握美学基本理论，具有较高的美学素养，能够指导美育实践活动，总结反思美育规律，也成为教师素养的重要内涵；同时，严格按照党的教育方针办学，德智体美劳五育并举，将美育融入学校教育教学实践和学校文化建设之中，更成为一所优秀学校的重要标志。所以，强化学校美育的育人功能，并同办学目标、学校文化、课程建设、德育活动等有机融合，是学校和教师面临的重要使命和不可推卸的责任。

（二）美学与美育有着密切联系

美学是美育的理论基础，美育是美学理论的实践运用。美学理论基础对于美育实践活动有着极重要的作用，它不仅是美育的行为导向和依据，也是美育实践的理论基础和支撑，需要学校和教育工作者与时俱进，紧扣时代脉搏，提高自身的美学素养，在实践中不断丰富和完善自己的美学理论基础和美育实践能力，更好地完成时代赋予的美育育人任务。

（三）扎实开展美育实践活动

美育目标的实现，关键在于学校扎扎实实贯彻美育目标，力争全面贯彻党的教育方针，弘扬中华美育精神，坚持德智体美劳五育并举，积极投身于新时代学校美育综合改革之中。要以提高学生审美和人文素养为目标，把美育人才培养全过程贯穿于学校教育各方面。

二、美育实践活动的设计形式

高校第二课堂美育实践活动的设计形式包括礼仪风采大赛、主持人大赛、书法大赛等。

（一）礼仪风采大赛

礼仪是中华民族的传统美德。礼仪文明是人类树立起的追求真善美的旗帜，是人类高扬起的道德力量旗帜，是人类在规范自我、发展自我的修炼进程中高扬起的"大我"的形象之旗，是推动人类不断迈向新文明新高度的旗帜。高校学生礼仪风采大赛上所展示的当代学生的礼仪形象，是当代学生追求本质美、内涵美、知识美、探求美、文化美、精神美以及行为美、言语美、沟通美的综合体现，是当代学生勇敢地面对社会、面对未来所展现出的综合实力。大赛的目的是在经过培训和选拔后，能够选出优秀的选手进入决赛，进一步增强学生学礼、知礼、用礼、行礼的自觉性，进一步提升学生的综合素质。大赛主要包括以下几个环节。

1. 自我展示

团队各有 3 分钟的展示时间，包括自我介绍和自我特色展示。要求介绍个人的名字、个人特色、团队名称等基本情况，形式不限，可灵活发挥。主要是展示团队合作、团队成员的个人仪态和个人特色，以及基本的礼仪之风。从着装、精神面貌、走姿、站姿、语言、内涵等方面展示学生的个人修养和精神风貌，展示学生的本质美、内涵美、文化美、精神美以及行为美、言语美。

2. 情景模拟

情景模拟主要考察选手的随机应变能力和团队协作能力，表现学生在日常生活中的行为素质，展示生活场景中的知礼、用礼、行礼。模拟题由赛前抽签决定，以团队形式进行表演。主持人按抽签顺序宣读现场模拟题，选手有5分钟的表演时间。选手对场景进行模拟，表演完毕后，选手可进行适当解说，评委老师按照评分标准进行打分。

3. 纠错改正

此环节主要传达"学以致用"的精神理念。学生不仅要懂礼仪、用礼仪，还要学会纠正他人的错误，使身边的人更好地知礼、行礼，提高礼仪涵养，展示文化风采。此环节由工作人员进行表演，团队的选手在场景表演完毕后有2分钟的纠错时间，指出表演中礼仪不到位的地方，并说出正确的做法。评委老师根据评分要求打分，根据选手的纠错进行适当的点评，并按照大赛提供的题目说明对现场表演的纠错点进行简单的解说。这样可以加强选手和现场观众的礼仪意识，传达一些礼仪常识。

4. 礼仪知识问答

参赛选手抽取礼仪知识问答题后根据题目要求回答，评委老师根据评分要求打分。

（二）主持人大赛

主持人大赛以发掘和培养学生的语言表达能力、思维逻辑能力和灵活应变的能力，锻炼实践能力、发挥自身特长为目的，让学生们在活动中增进彼此的友谊，也起到锻炼自我、挑战自我的目的。大赛主要包括以下几个环节。

1. 自我介绍

要求讲普通话，并且语言精练、新颖大方，富有自己的特色。

2. 模拟主持

选手可以选择一个大家比较熟悉的节目进行模仿主持，鼓励改编与创新。还可以加入自己选定的元素，或者与观众互动。

3. 基本功展示

工作人员需要提前准备好绕口令，选手现场进行随机抽取，稍作准备后便可开始展示。

4. 即兴主持

工作人员需要提前准备好题目，选手现场进行随机抽题，稍作准备后便可开始即兴主持。

（三）书法大赛

举办书法大赛可引导高等学校加强文化传承创新，发挥文化育人作用，弘扬书法文化、传承书法艺术、宣传书法知识，使学生领会和理解书法文化以及书法艺术深邃的哲思情理，鼓励学生开展书法研习与创作，激发学生的民族自豪感和爱国主义情感。大赛主要包括以下几个环节。

1. 预选赛

各学校按照赛程要求自行组织预选赛，每位参赛选手仅限从楷书、行书、草书、隶书、篆书5种书体的软、硬笔作品中选报1件参加比赛。经过严格评审，各校选拔出不超过20件作品参加复赛，多者一律不收。

2. 复赛

复赛作品由书法大赛评审专家委员会负责评审，根据书法大赛评分标准评审复赛作品质量，评定进入决赛的选手名单，决赛名单及相关事宜另行通知。

3. 决赛

决赛采取现场命题创作和知识问答的方式，由大赛评审专家委员会现场评审并确定具体奖项。

三、开展美育实践活动的价值

对于高校来说，一切活动和教育都应该以学生为根本出发点和落脚点，以全面育人作为学校目标。高校美育实践活动能满足学生多种需求，尤其是精神和文化需求，孕育着丰富的教育内涵。学生可以在学习之外，以兴趣、爱好、特长为出发点去参加各种文艺活动，获得精神愉悦，得到心理慰藉，兴趣得到发展，特长得到展示，进而提升其艺术品位和人格追求，实现全面健康发展。此外，高校文艺活动具有的群体性特征，有利于让学生在活动的组织和开展过程中增强人际交往能力和协调能力，以及应对各种复杂局面和突发事件的能力。一些优秀的校园文艺作品，能够在学生中间产生深深的同感和共鸣，这些共同的感受又会极大提高学生的文化和情感认同，增强学校组织的凝聚力和向心力，形成向上的合力。因此，开展美育实践活动的价值不言而喻。

首先，开展美育实践活动是反映和构建高校师生正确价值取向的重要手段。习近平总书记在文艺工作座谈会上的讲话中强调，"文艺是时代前进的号角，最能代表一个时代的风貌，最能引领一个时代的风气"。在这一背景下，高校美育实践活动就成为构建师生正确价值取向的重要手段和有力抓手。

其次，开展美育实践活动是对高校师生共同理想和价值观念的展示和提升，对学生人生观、价值观、世界观的形成，以及职业理想的确立和生活方式的选择影响深远。美育实践活动以丰富的形式为载体，将社会倡导的理想信念、道德规范和行为准则融入其中，通过潜移默化的方式，让学生内化于心、外化于行，自觉成为社会主义先进文化的创造者和传播者。网络、微信等便捷媒体技术的传播应用，学生利用文艺活动参与社会文化建设的热情和投入，整个社会对高校发展的关注，也使得美育实践活动的影响不限于高校内部，而是能够对整个社会优良风气的构建起到积极的促进作用，有较高的社会效益。

最后，开展美育实践活动是激励和影响学生、实现高校育人功能的有效形式。习近平总书记在文艺工作座谈会上的讲话中强调了文艺"为什么人"的问题，提出"不能在为什么人的问题上发生偏差，否则文艺就没有生命力"。美育实践活动同样要解决"为什么人"的问题，只有这样，才能明确方向，规范内容，创新形式，释放文艺的活力。

第七章 第二课堂＋劳动教育

劳动是人类社会生存和发展的基础，主要是指生产物质资料的过程，也指能够对外输出劳动量或劳动价值的人类运动。劳动是人类运动的一种特殊形式。在商品生产体系中，劳动是劳动力的支出和使用。马克思给劳动下了这样的定义：劳动力的使用就是劳动本身。劳动力的买者消费劳动力，就是让劳动力的卖者为其提供劳动。

第一节 第二课堂＋劳动教育概述

一、劳动教育的概念

劳动教育是指使学生树立正确的劳动观点和劳动态度，热爱劳动和劳动人民，养成劳动习惯的教育，是人德智体美劳全面发展的主要内容之一。

劳动教育是中国特色社会主义教育制度的重要内容，直接决定社会主义建设者和接班人的劳动精神面貌、劳动价值取向和劳动技能水平。长期以来，各地区和学校坚持教育与生产劳动相结合，在实践育人方面取得了一定成效。同时，社会实践活动已经成为高校第二课堂实践育人的重要载体，成为加强两个课堂有机融合的有效途径。

二、劳动教育的内涵

2012年1月，教育部等部门联合印发《关于进一步加强高校实践育人工作的若干意见》，要求各高校统筹推进实践育人各项工作，包括系统开展社会实践活动。社会实践一般是指高校学生利用假期及课余时间，有目的、有计划地深入社会，参与生产劳动和社会生活，学习、考察、思考和服务社会，并利用所学知识为社会发展服务的实践活动。本节所说的第二课堂劳动教育是基于学生参与第二课堂活动的实际情况提出的具体概念，是对第一课堂教学的补充、巩固和延伸，指的是按照高校人才培养目标和学生思想教育任务，结合学生思想政治发展的特点和思想政治教育规律组织实施的校内外各类实践活动。

三、劳动教育的重要意义

劳动教育为学生的幸福人生奠基是现代教育的主旨之一。习近平总书记提出"生活靠劳动创造，人生也靠劳动创造"。劳动教育是提高学生综合素质、成就幸福圆满人生的有效途径。苏联教育家马卡连柯曾指出："劳动永远是人类生活的基础，是创造人类文化幸福的基础。"劳动教育通过以劳树德、以劳增智、以劳强体、以劳育美，为成就学生的幸福人生奠定坚实基础。

以劳树德。劳动教育对于立德树人，促进学生全面发展具有不可替代的作用。劳动教育可以促进学生形成勤俭节约、踏实肯干、意志坚定、团结协作的优良品质，使之成为有大爱大德大情怀的人。品德修养不是一蹴而就的事，需要在长期的社会实践中、在日常生活的点点滴滴中踏踏实实地磨炼达成。劳动教育对于学生践行社会主义核心价值观，传承中华优秀传统文化，实现中华民族伟大复兴的中国梦具有重要意义。

以劳增智。劳动是创造的基础。学生在劳动中既要动手，又要动脑，是一种创造性活动。其目的是在劳动教育中培养学生的创新思维和创造能力。可见，劳动教育不仅能培养学生的生活技能，而且能促进人的体力发展和智力发展，培养学生的创新精神和实践能力，养成尊重劳动的思想品德。

以劳强体。劳动，不论是体力劳动还是脑力劳动，都要做出努力、耗费精力。要做出劳动成果，需要有顽强的意志和毅力，因而可以培养学生的自信心、责任心、自立自强等思想品质，并养成我能做、我会做的劳动习惯。

以劳育美。劳动教育有利于加强和改进学校美育工作，形成以劳育美、以美育人、以文化人的育人模式，促进学生树立"劳动最光荣、劳动最崇高、劳动最伟大、劳动最美丽"的劳动审美观，让学生在劳动创造中形成发现美、体验美、鉴赏美、创造美的意识和能力，从而提高学生审美能力和人文素养。

第二节 劳动教育的组织与管理

劳动教育是新时代党对教育的新要求，是中国特色社会主义教育制度的重要内容，是全面发展教育体系的重要组成部分，是大学必须开展的教育活动。理论研究和实践证明，社会实践是加强学生思想政治教育、提高学生思想政治素质的迫切要求，是加强学生综合素质培养、促进学生全面成长的客观需要。因此，各高校应高度重视学生劳动教育，以第二课堂为主要平台，丰富劳动教育形式，引领学生在志愿服务和社会实践中实现树德、增智、强体、育美目的，从而取得良好的育人效果。

一、劳动教育前提

高校必须通过劳动教育来培养学生的吃苦精神，提高其心理和思想道德素质，使其养成吃苦耐劳的品格。人的全面发展需要劳动教育，劳动教育也是素质教育的重要组成部分。

高校开展劳动教育，机遇与挑战共存。机遇是指，勤劳节俭作为中华民族的优良品质，重视劳动教育是社会主义教育的光荣传统，培养时代新人对劳动教育的要求极为迫切；而挑战则是指，当今时代传统生活生产方式和组织形态发生重大变革，会对劳动教育产生影响和冲击。要构建科学实用的现代劳动教育体系，形成更高水平的人才培养体系，既培养兢兢业业的普通劳动者，又培养大国工匠，还培养创造发明的科学大师，形成崇尚劳动创造的社会风气，从简单体力劳动引向创新创造复杂劳动，加快教育强国和制造业强国建设。

二、组织小组构成

为切实搞好学生劳动教育，需要在学校党支部和校行政的大力支持下，定期由主管校长领导，学校德育处、教务处、体卫处、总务处、团委、年级组负责人及全体班主任共同参与劳动教育专题会议，研究并制订教育计划、方法、途径，分析劳动教育现存问题，确定劳动教育重点，并将劳动教育纳入学习计划。

三、组织与管理要求

目前，高校劳动教育分工明确、层次分明、职责清晰，在各种政策支持下，开展起来也愈发顺利。在此前提下，高校学生自身要找准定位，将社会发展和校园文明建设需要的服务项目作为活动重点，在效益中求得持久与深入；要学会树立自己的目标，发展自我的内在动力。学校要加强领导，形成共青团主导、学生自发、各部门齐抓共管的社团化发展的良好态势。提供专项经费，用于优质的劳动教育项目，鼓励学生积极参与其中。构建奖励机制，对学生在接受劳动教育中的优秀表现予以肯定。

第三节 劳动教育的设计与开展

一、"三下乡"活动

"三下乡"活动是指文化、科技、卫生"三下乡"。文化下乡包括图书、报刊下乡，送戏、电影、电视下乡，开展群众性文化活动；科技下乡包括科技人员、科技信息下乡，开展科普活动；卫生下乡包括医务人员下乡，扶持乡村卫生组织，培训农村卫生人员，参与和推动当地合作医疗事业发展。

（一）选题立项

1. 明确来源

选题来源有现实社会生活、个人经历与兴趣、课堂学习和文献资料、已有实践项目等。每年五六月，共青团中央会联合其他部门发布"三下乡"社会实践活动通知，提供选题方向和实践选题。各省级团委、高校也会结合实际情况，进一步丰富和细化实践课题，确立重点实践内容和方向，制订并发布通知。同时，思想政治理论课及其他学科专业的教学内容中也可以派生出许多实践课题。此外，学生也可以参考连续开展、较为成熟的实践项目来确定选题。

知识链接

表7-1 2011—2022年暑期"三下乡"社会实践活动主题一览表

年份	暑期社会实践主题
2022	喜迎二十大　永远跟党走　奋进新征程
2021	永远跟党走　奋进新时代
2020	小我融入大我，青春献给祖国 决战脱贫攻坚，投身强国伟业
2019	青春心向党·建功新时代
2018	青春大学习·奋斗新时代
2017	喜迎十九大·青春建新功
2016	青春建功"十三五"·携手共筑中国梦
2015	践行"八字真经"·投身"四个全面"
2014	为祖国勤学修德·以实践明辨笃实
2013	实践激扬青春志，奋斗成就中国梦
2012	青春九十年，报国永争先
2011	永远跟党走，青春献祖国

好的选题既要坚持与国情、社情、民情相结合，与专业知识相结合，与个人成长、成才相结合，又要把握题目的时效性、科学性和创新性，以达到主题明确、任务明晰、成果导向、可行性强和可传承等目的。可见，选题阶段十分关键。

2.选题原则

（1）现实性原则。选题要注意实用价值，应选择与社会密切相关、为民众所关心的问题，特别是社会主义现代化建设事业中亟待解决的问题。现实性原则包括现实意义、应用价值、锻炼培养3个层面：①现实意义。选题必须考虑与社会生活密切相关、反映社会现象、体现民众关注的问题；还要结合课程主题、学校学科特色等。②应用价值。实践课题能解决某些具体需求或问题，为相关单位部门献计献策，形成某一具体成果。③锻炼培养。实践队员应结合专业学习或职业规划，找准自身能力薄弱环节重点锻炼培养。

（2）可行性原则。选题要考虑和分析社会各种条件，比如人力、物力、财力等各方资源的支持。首先，量力而行，客观地分析自己的能力。其次，充分考虑自己的特长和兴趣。最后，实践题目要大小适度。一般来说宜小不宜大、宜窄不宜宽。可行性原则包括难易程度、安全程度、自身状况3个层面：①难易程度。学生参加社会实践时必须充分考虑其预期效果或目标；考虑其所需要的专业知识储备、需要联系的相关单位、涉及的人力物力等。②安全程度。其包括实践地点的安全性，实践内容的安全性，交通条件、食宿条件等各种因素的安全系数及综合安全程度。③自身状况。实践队员要考虑自身知识储备情况、综合能力、经济状况、身体状况等，切不可逞强。

（3）创新性原则。选题切忌盲目"赶热门"和"一窝蜂"。创新可以从以下两个方面考虑：从题目、形式到内容都是新的；由旧的题目开展新的内容，从而提出新的观点和看法。创新性原则具体包括人无我有、人有我精两层含义：①人无我有，指从社会实践的课题、形式、内容进行创新，达到别人没有的新阶段。②人有我精，指从旧的题目中挖掘新的内容，提出新的观点和看法。

3. 注意事项

在选题策划的过程中，从选题意向、备选课题再到最终的实践申报方案，会有大量的或简略、规范、书面的规划筹备材料。从整体上具有一定的继承性，是最终项目申报方案的来源和基础。选题设计初期，需要有效把关筹备材料质量。

选题策划是一个不断调整完善的过程，需要适当地取舍，多听取专家、老师的意见。选题策划阶段也是一个会遇到很多困难的阶段，团队内部经常会出现分歧，所以需要不断联系实践单位、反复调整选题内容。要预演实践中可能会出现的特殊情况，以做好充分的准备。

（二）前期准备

1. 组织招募成员

（1）双向选择：实践团成员的招募应以自愿原则为前提，进行双向选择。

（2）人际交往圈：可以优先招募兴趣爱好相近、相互较为熟悉的人组成团队。

（3）网络征集：此方法可以迅速找到符合条件的人员，但相互熟悉度差，需要增进彼此了解，加强合作。

2. 邀请指导老师

（1）选择条件及要求：具有指导经验，以明确权责、双方自愿、理解互信为准则。

（2）可选范围：实践团队指导老师可选择任课教师、党政干部、学生辅导员等。

3. 选择并联络实践地

（1）契合选题方向：与选题方向紧密契合，能够实现实践活动的目标。

（2）交通情况：根据交通便利情况选择合适的实践地，可以在减少支出的同时，获得最大化的实践成效。

（3）确保安全：充分考虑到当地治安情况以及气候条件，提前联系实践地，以做好调整准备。

4. 撰写立项方案

立项方案主要包括项目主题与团队信息、课题来源与背景、项目概述与基本内容、日程安排与主要活动、项目预期与实践成果、安全预案与经费预算、可行性分析等。项目概述与基本内容是方案的重点，日程安排与主要活动是方案的主体。立项方案要遵循思路清晰、考虑周全、内容完整、格式规范、真实有效、按时提交等原则。立项方案要经过充分讨论、反复论证，并征求指导老师意见，填入活动通知提供的立项申请表。后经所在单位推荐、活动主办方同意方可立项。

5. 准备实践物资

立项成功后，实践团队要开始准备实践物资，包括个人必备用品、实践材料、实践经费等。

（1）个人必备用品：生活用品、联络工具及医药保健品等。

（2）实践材料：基本实践材料、电子记录设备、实验器材及设备、特色活动材料等。

（3）时间经费：基本费用、活动费用、非常规费用等。

（4）其他：去往偏远的野外地区还应带有必要的应急物资，如地图、指南针等。为防止意外事故发生，学生需要准备一些备用金，以购买预算外的物品。

> **知识链接**

表 7-2　个人暑期社会实践活动申请表

个人暑期社会实践活动申请表			
姓名		性别	
学院		班级	
家庭所在地			
社会实践地点			
社会实践单位			
社会实践时间	月　　日至　　月　　日		
社会实践形式			
社会实践主题			

续表

个人社会实践计划	
学校团委意见	
省级团委学校部意见	
备注	

（三）实施执行

不同项目的特点不同，因此具体实施方法也会不同。调查研究类：按照项目方案进行社会调查，发放调查问卷，统计调查数据，撰写调研报告。公共服务类：了解实践需求，明确服务内容、对象和形式，开展志愿服务，填写服务记录，做好活动总结。职业发展类：根据原定计划到实践单位参观实习，学习先进的生产技术，解决实际生产问题，提升专业水平和职业素养。

一般性的调查方法主要有实地观察法、问卷调查法、访谈调查法、文献调查法、实验调查法等。

1.实地观察法

实地观察法是观察者有目的、有计划地运用自己的感觉器官或借助科学观察工具，能动地了解处于自然状态下的社会现象的方法。实地观察法有 4 个显著特点。

（1）它是观察者有目的、有计划的自觉认识活动。

（2）它是运用两类观察工具进行的观察活动。这两类观察工具一是指人的感觉器官，其中最主要的是视觉器官——眼睛；二是指科学观察工具，如照相机、摄影机、望远镜、显微镜及观察表格、观察卡片等。

（3）它的观察过程是一个积极的能动的反映过程。

（4）它的观察对象为处于自然状态下的社会现象。

2.问卷调查法

问卷调查法是国内外社会调查中较为广泛使用的一种方法。问卷是指为统计和调查所用的、以设问的方式表述问题的表格。问卷调查法就是调查者用这种控制式的测量对所研究的问题进行度量，从而搜集到可靠资料的一种方法。问卷调查法大多用邮寄、个别分送或集体分发等多种方式发送问卷，由调查对象按照表格所问来填写答案。一般来讲，问卷较之访谈表要更详细、完整和易于控制。

问卷调查法的主要优点在于标准化和成本低，因为问卷调查法是以设计好的问卷工具进行调查，问卷的设计要求规范化并可计量。问卷调查法的缺点有调查问卷设计难、调查结果广而不深、调查质量得不到保证、调查的回收率难以保证。

知识链接

表7-3 问卷调查法的分类及其利弊

项目	自填式问卷调查			代填式问卷调查	
问卷形式	报刊问卷	邮政问卷	送发问卷	访问问卷	电话问卷
调查范围	很广	较广	窄	较窄	可广可窄
调查对象	难控制和选择，代表性差	有一定控制和选择，但回复问卷的代表性难以估计	可控制和选择，但过于集中	可控制和选择，代表性较强	可控制和选择，代表性较强
影响回答的因素	无法了解、控制和判断	难以了解、控制和判断	有一定了解、控制和判断	便于了解、控制和判断	不太好了解、控制和判断
回复率	很低	较低	高	高	较高
回答质量	较高	较高	较低	不稳定	很不稳定
投入人力	较少	较少	较少	多	较多
调查费用	较低	较高	较低	高	较高
调查时间	较长	较长	短	较短	较短

3.访谈调查法

访谈调查法（以下简称为"访谈法"）是社会调查中最古老、最常用的方法之一。它是调查员通过与调查对象进行交谈，收集口头资料的一种调查方法。访谈通常是在面对面的场合下进行的，由调查人员（也称为"访谈员"）接触调查对象，调查对象就所要调查的问题作出回答，并由访谈员将回答内容及交谈时观察到的动作、行为及印象详细地记录下来。

访谈法的优点有适应范围广泛、灵活性强、成功率高、信息真实具体；访谈法的缺点有代价较高、易受访谈人员的主观影响、记录较困难、缺乏隐秘性。

拓展阅读

遵守社交礼仪

任何实践活动都离不开社交礼仪，学生在实践活动中应展现良好的精神风貌和品德修养，遵纪守法、尊重他人、举止礼貌、爱护公物。交谈时多用尊称和敬语，虚心求教，自我介绍要简明扼要、自信大方。如需拍照或录像，要提前征得实践单位的同意。在工厂企业参观时，不得影响原有的生产秩序，不接受实践单位的吃请和馈赠。团队内部要和睦共处，最好统一着装。此外，在深入少数民族地区或陌生地域时，要提前了解不同地区的风土人情和不同民族的习俗禁忌，尊重双方的风俗习惯，以便更好地融入实践地的社会生活中，以促进实践活动在当地顺利展开。

4.文献调查法

文献调查法是指通过寻找文献，搜集有关市场信息的调查方法，它是一种间接的非介入式的市场调查方法。与其他收集市场信息的方法一样，文献调查法也需要建立严密的调查计划，并对将要利用的文献进行真实性、可用性的检查，这样才能保证调查的系统性和可靠性。但作为一种独立的调查方法，文献调查法又有其自身固有的优点。

（1）文献调查法超越了时间、空间限制，通过对古今中外文献进行调查，可以研究极其广泛的社会情况。这一优点是其他调查方法所不具有的。

（2）文献调查法主要是书面调查，如果搜集的文献是真实的，那么它就能够获得比口头调查更准确、更可靠的信息。避免了口头调查可能出现的种种记录误差。

（3）文献调查法是一种间接的、非介入性调查。它只对各种文献进行调查和研究，而不与调查对象接触，不介入调查对象的任何反应。这就避免了直接调查中经常发生的调查者与调查对象互动过程中可能产生的种种反应性误差。

（4）文献调查法是一种非常方便、自由、安全的调查方法。文献调查法受外界制约较少，只要找到了必要文献就可以随时随地进行研究；即使出现了错误，还可以通过再次研究进行弥补，因而其安全系数较高。

（5）文献调查法省时、省钱、效率高。文献调查法是在前人和他人劳动成果基础上进行的调查，是获取知识的捷径。它不需要大量研究人员，不需要特殊设备，可以用比较少的人力、经费和时间，获得比其他调查方法更多的信息。因而，它是一种高效率的调查方法。

> **拓展阅读**

文献的种类

　　文献调查的对象是文献，这就需要对文献的种类和来源有深入的了解。从我国实际情况来看，有关市场信息的文献种类包括以下几种。

　　（1）国家统计局和各级地方统计部门定期发布的统计公报、定期出版的各类统计年鉴，这些都是权威的一般综合性资料文献。

　　（2）各种经济信息部门、各行业协会和联合会提供的定期或不定期信息公报。这类文献或数据定向性较强，是市场调查中文献的重要来源。

　　（3）国内外有关报纸、杂志、电视等大众传播媒介。这些传播媒介提供种类繁多、形式多样的各种直接或间接的市场信息，它们是文献调查中主要的查找对象。

　　（4）各种国际组织、外国驻华使馆、国外商会等提供的定期或不定期统计公告或交流信息。

　　（5）国内外各种博览会、交易会、展销订货会等营销性会议，以及专业性、学术性会议上所发放的文件和资料。

　　（6）工商企业内部资料，如销售记录、进货单、各种统计报表、财务报表等。

　　（7）各级政府部门公布的有关市场的政策法规，以及执法部门的有关经济案例。

　　（8）研究机构、高等院校发表的学术论文和调查报告等。

5. 实验调查法

　　实验调查法是指在推行某种经济政策、具体措施或经营方法时，先进行实验试点，以收集资料、取得经验的方法。如销售实验就是在推行某种经销方式或销售新产品前，先进行小规模的实验，通常是先由企业拿出少量的新产品进行试销，征询试用者对商品质量、价格、包装的意见，然后对实验结果进行分析，预测市场的潜在需要量，再决定是否应该大规模投放市场。此法的优点是科学，比较客观，可以收集有价值的资料；其缺点是实验过程长，成本较高。

> **拓展阅读**

应对突发事件

　　实践团队或个人应事先拟定应急预案，做好防范，根据突发事件的严重程度的不同，采取不同手段及时跟进和处理，确保人身、财产等安全，把危害和影响降到最低。如感到身体不适或轻微受伤的，要第一时间联系指导老师，并到附近医院就诊，必要时应终止实践活动。如遇较严重疾病甚至病危的，应第一时间联系120，并通知学校有关部门和家长及时赶赴现场，必要时联系当地公安部门。社会实践的组织方及学生所在学院也要在出行前制订应急预案，做好安全教育，购买保险，在实践过程中坚持"每日一报"制度，加强与实践队员的联系与沟通。

（四）成果展示

社会实践活动成果的展示形式有很多种，如实践总结、实践报告（论文）、照片视频等。社会实践是学生素质全面提高的重要环节，是学生将所学知识应用于社会的重要过程。它既是对学生学习、研究与实践成果的全面总结，又是对学生素质与综合能力的一次全面检验。以实践报告为例，为保证实践报告的质量，避免与实践总结混淆，需要学生们注意以下几点。

1.实践报告的组成部分

（1）报告题目。报告题目应该用简短、明确的文字写成，通过标题把实践活动的内容、特点概括出来。题目字数要适当，一般不宜超过20个字。如果有些细节必须放进标题，为避免冗长，可以设副标题，把细节放在副标题里。

（2）学院名称及作者姓名。学院名称和作者姓名应在题目下方注明，学院名称应用全称。

（3）摘要（含有英文摘要的中文在前、英文在后）。摘要应反映报告的主要内容，概括地阐述实践活动中得到的基本观点、实践方法、取得的成果和结论。摘要字数要适当，中文摘要一般以200字左右为宜，英文摘要一般至少要有100个实词。摘要包括："摘要"字样、摘要正文、关键词、中图分类号。

（4）正文。正文是实践报告的核心内容，是对实践活动的详细表述。这部分内容为作者所要论述的主要事实和观点，包括介绍实践活动的目的、相关背景、时间、地点、人员、调查手段，以及对实践活动中得到的结论的详细叙述。要能够体现解放思想、实事求是、与时俱进的思想路线，有新观点、新思路；坚持理论联系实际，对实际工作有指导作用和借鉴作用，能提出建设性的意见和建议；报告内容观点鲜明，重点突出，结构合理，条理清晰，文字通畅、精炼。字数一般控制在5 000字以内。

（5）结束语。结束语包含对整个实践活动进行归纳和综合而得到的收获和感悟，也可以包括实践过程中发现的问题，并提出相应的解决办法。

（6）谢词。谢词通常以简短的文字对在实践过程与报告撰写过程中直接给予帮助的指导老师、答疑老师和其他人员表示谢意。

（7）参考文献。参考文献是实践报告不可缺少的组成部分，它反映实践报告的取材来源、材料的广博程度和材料的可靠程度，也是作者对他人知识成果的承认和尊重。

（8）附录。对于某些不宜放在正文中，但又具有参考价值的内容，可以编入实践报告的附录中。

2.撰写实践报告的主要步骤

实践报告的写作过程应包括收集资料、拟订报告提纲、起草、修改及定稿等。各个步骤具体做法如下。

（1）收集资料。资料是撰写实践报告的基础。收集资料的途径主要有实地调查、社会实践、实习、从校内外图书馆或资料室已有的资料中查找。

（2）拟订报告提纲。拟订报告提纲是作者动笔行文前的必要准备。根据报告主题的需要拟订报告的结构框架和体系。在起草报告提纲后，可请指导老师审阅修改。

（3）起草。报告提纲确定后，可以动手撰写实践报告的初稿。在起草时应尽量做到纲举目张、顺理成章、详略得当、井然有序。

（4）修改及定稿。报告初稿写完之后，需要改正初稿中的缺点或错误，因此应经过反复推敲修改后才能定稿。

3. 实践报告的写作细则

（1）书写。实践报告要用学校规定的稿纸单面书写或用计算机打印，正文中的任何部分不得写到稿纸边框线以外。稿纸不得左右加贴补写正文和图表的纸条，或随意接长截短。用计算机排版，打印一律用A4打印纸。实践报告中的汉字必须使用国家正式公布过的规范字。

（2）标点符号。实践报告中的标点符号应准确使用。

（3）名词、名称。科学技术名词术语采用全国自然科学名词审定委员会公布的规范词或国家标准、部标准中规定的名称，尚未统一规定或叫法有争议的名词术语可采用惯用的名称。使用外文缩写代替某一名词术语时，首次出现时应在括号内注明全称。外国人名一般采用英文原名，按名前姓后的原则书写。一般很熟知的外国人名（如牛顿、爱因斯坦、达尔文、马克思等）应按通常标准译法写译名。

（4）量和单位。实践报告中的量和单位的使用必须符合中华人民共和国的国家标准。

（5）数字。实践报告中的测量、统计数据一律用阿拉伯数字；在叙述中，一般不宜用阿拉伯数字。

（6）标题层次。实践报告的全部标题层次应统一、有条不紊、整齐清晰，相同的层次应采用统一的表示体例，正文中各级标题下的内容应同各自的标题对应，不应有与标题无关的内容。

（7）注释。实践报告中有个别名词或情况需要解释时可加注说明，注释可用页末注（将注文放在加注页的下端），而不可用行中插注（夹在正文中的注）。注释只限于写在注释符号出现的同页，不得隔页。

（8）公式。公式应居中书写，公式的编号用圆括号括起放在公式右边行末，公式与编号之间不加虚线。引用文献标注应在引用处正文右上角用中括号（[ ]）和参考文献编号表明，五号字。

（9）表格。每个表格应有自己的表序和表题，表序和表题应写在表格上方居中排放，表序后空一格书写表题。表格允许下页续写，续写时表题可省略，但表头应重复写，并在表格右上方写"续表"。

（10）插图。实践报告中的插图必须精心制作，线条要匀称，图面要整洁美观；插图6幅以内，用计算机绘制；若为照片，应提供清晰的黑白照片，比例一般以1∶1为宜。每幅插图应有图序和图题，并一律插入正文的相应位置，图序和图题应放在图位下方居中处。

（11）参考文献。参考文献一律放在报告最后，参考文献的书写格式要符合国家标准。

二、志愿服务

志愿服务一般是指由志愿者组织、志愿者服务社会公众生产生活和促进社会发展进步的行为。或者说，志愿服务泛指利用自己的时间、技能、资源、善心为邻居、社区、社会提供非营利、无偿、非职业化援助的行为。高校第二课堂作为学生参与志愿活动的一个平台，为学生提供了贡献社会、提升自我价值的机会。志愿服务活动的开展，有利于高校学生养成良好的责任心，也有利于其人生观、价值观的培养。

（一）志愿服务的组成

1.志愿者

志愿者也叫义工、义务工作者或志工，是在自身条件许可的情况下，参加相关团体，在不谋求任何物质、金钱及相关利益回报的前提下，在非本职职责范围内，合理运用社会现有的资源，服务于社会公益事业，为帮助有一定需要的人士，开展力所能及的、切合实际的，具一定专业性、技能性、长期性服务活动的人。

2.志愿服务

《中国注册志愿者管理办法》规定，志愿服务是指志愿者不以物质报酬为目的，利用自己的时间、技能等资源，自愿为国家、社会和他人提供服务的行为。志愿服务本质上是一种慈善服务活动，它倡导与人为善、相互帮助，努力做好服务他人、服务社会的工作。

3.志愿精神

志愿精神可以概括为奉献、友爱、互助、进步。细致来讲，第一，志愿精神是中华民族团结友爱、助人为乐、见义勇为、尊老爱幼、尊师重教等传统美德的继承和发扬。中华民族的传统美德，是我们宝贵的精神财富。学生参加志愿者活动既从中华民族的传统美德中汲取营养和力量，也闪烁着中华民族传统美德的光芒。第二，志愿精神是社会主义时代精神的弘扬和体现。以共同富裕为目标的社会主义市场经济既追求效率、利润，鼓励竞争，同时也注重公平、道义和爱心。社会主义市场经济强调的是一种公平竞争、共同富裕，而绝不是唯利是图、弱肉强食、不择手段、不讲公德。第二，志愿精神是为了建立互助友爱、和谐融洽的人际关系。建立社会主义市场经济体制，是一项任重而道远的全新事业，同样需要艰苦创业、无私奉献的精神。而志愿者活动正是适应了社会主义时代精神的要求，着眼于帮困扶贫、救急救难，有助于公正合理的经济秩序、和谐互助的人际关系的建立，有利于为发展社会主义市场经济创造良好的社会环境和必要的社会保障。

（二）志愿服务活动的特征

1.自愿性

志愿服务必须是自愿参加的。这个自愿是主动的而不是被动的，是自觉的而不是强迫的。

自愿性是志愿服务的基本特征之一。可以通过有组织的方式去动员志愿者，但应该让每个志愿者都在没有任何压力的情况下自愿投入志愿服务之中。相反，如果一些志愿服务不是每个人都自愿参加，而是在某些组织或个人的强迫和压力下去参与的，其社会意义就会大打折扣。被迫参与到志愿者服务之中的人员不是真正意义上的志愿者，他们即使参加了志愿服务活动，也很难持续发挥积极的作用。

2.无偿性

志愿服务不应该被当成达到其他目的的手段。志愿服务的无偿性包括对志愿服务者的无偿性和对服务组织者的无偿性两个方面。就志愿服务者而言，在提供志愿服务时应该始终坚持以利他和公益为基本目标。志愿服务可以获得回报，但不应该以获得回报为基本目的，即使在完全没有回报的情况下也应该坚持志愿服务。就服务活动的组织者而言，志愿者的服务不应该被大量用来达到服务以外的目标，不论是经济目标还是政治目标或社会目标等，否则就会损害志愿服务者的动机。

3.非牺牲性

非牺牲性的内涵在于，我们并不要求志愿者或者公益的机构一定要以一种牺牲和剥削自己的形式来实现公益行为和目标。大家完全可以根据自己能够提供的资源和服务，在不牺牲自己根本利益和不影响自己生活的情况下，做好社会服务和公益事业。志愿者个人可以做出是否大量牺牲自己利益的决定，但公益组织不能强制或倡导志愿者大量牺牲个体利益去参加公益活动。在社会整体效率和利益提高的同时，不以部分人的利益牺牲和社会冲突为代价，这种形式的社会发展是最健康的社会进步模式。

4.量力而行性

志愿者要根据公益组织自身人力、物力、财力条件允许的程度来开展工作。现实生活中服务需求是多方面和多层次的，志愿服务一定要从实际出发，从社会需求的实际出发，把主观愿望和客观实际结合起来，把社会需求和服务能力结合起来，实事求是，量力而行。要分清什么是现在能做到的，什么是下一步才能做到的，什么是将来才能做到的，还有什么是我们做不到的。我们既不能无所作为，也不可包打天下。

社会需要关注的方面很多，志愿者可以在许多方面有所作为，但是志愿者组织和志愿者的力量都是有限的，不可能满足所有的需求，不是所有的社会需求都适合志愿者去完成，公益组织和志愿者应该量力而行、找准定位，有所为，有所不为。

（三）志愿服务活动的形式

1.扶弱助幼，青春奉献

组织学生开展社区志愿服务，以社区孤老残弱、外来务工人员子女、留守学生（儿童）为重点对象，普遍开展扶老助残、帮困解难、应急求助、便民利民等社区志愿服务活动和自护救助、防灾减灾等安全常识宣传教育。

2. 雷锋精神，青春聚力

组织广大学生学习、了解雷锋和雷锋式模范人物的先进事迹，深刻理解雷锋精神的时代内涵，凝聚青春正能量，让志愿服务活动成为广大学生践行社会主义核心价值观的有效载体。

3. 治污降霾，青年行动

重点围绕雾霾防治、低碳生活、节能减排等主题，组织学生志愿者在校园、社区、农村等进行雾霾防治等环保知识宣传，倡导低碳出行、绿色生活、节能减排的生活方式，呼吁市民积极参与治污降霾，共建绿色家园，营造人人爱护环境、人人参与环保的良好氛围。

（四）志愿服务的意义

1. 个人价值

对志愿者个人而言，志愿活动具有以下积极作用。一是奉献社会。志愿者通过参与志愿服务，有机会为社会出力，尽一份公民责任和义务。二是丰富生活体验。志愿者利用闲余时间，参与一些有意义的工作和活动，既可以扩大自己的生活圈子，又可以亲身体验社会中的人和事，加深对社会的认识，这对志愿者自身的成就和提高是十分有益的。三是提供学习的机会。志愿者在参与志愿工作的过程中，除了可以帮助他人以外，还可以培养自己的组织及领导能力，学习新知识、增强自信心及学会与人相处等。

2. 社会价值

对社会而言，志愿活动具有以下积极意义。一是传递爱心，传播文明。志愿者在把关怀带给社会的同时，也传递了爱心，传播了文明，这种爱心和文明从一个人身上传到另一个人身上，最终会汇聚成一股强大的社会暖流。二是有助于建立和谐社会。志愿工作，提供了社交和互相帮助的机会，加强了人与人之间的交往和关怀，增加彼此之间的亲近感，促进社会和谐。三是促进社会进步。社会的进步需要全社会的共同参与和努力。志愿服务正是鼓励越来越多的人参与到服务社会的行列中来，对促进社会进步有一定积极作用。

3. 服务价值

对服务对象而言，志愿活动具有以下积极意义。一是接受个人化服务。志愿服务，提供大量的人力资源的同时，更能发挥服务的人性化、个人化及全面化的功能，从而令服务对象受益。二是帮助融入社会，增强归属感。通过志愿服务，能有效地帮助服务对象扩大社交圈子，增强其对人、对社会的信心，同时，志愿者以亲切的关怀和鼓励，帮助服务对象减轻接受服务时的自卑感和疏远感，从而使其建立自尊心和自信心。

第八章 第二课堂系统平台操作

第二课堂已经成为一种重要的素质培养载体。因此，高校计划设计基于Web和微信的第二课堂系统。该平台利用Web和微信受众面广、灵活自由等特点，拥有各类课外活动发布、校园通知发布、视频资源、资料宝库、成果展示、课程课表、学生记录、邮箱等功能。闽江学院使用校企邦开发的第二课堂系统平台，通过PC端和微信端，让师生便捷体验第二课堂的管理与使用，通过活动开展和项目申报，达成客观记录、评价分析、管理应用，实现平台化、可视化、数据化管理，期望真正实现"理与实并重，双课堂联动"的美好愿景。

第一节 第二课堂平台+教师PC端

一、活动模块

（一）登录账号

登录"闽江学院第二课堂"官网，打开微信扫一扫，扫描二维码进行登录，如图8-1所示。也可以使用账号密码登录。

图8-1 "闽江学院第二课堂"官网登录

校管理员开通教师登录账号，教师首次登录，系统会弹出提示"绑定手机"，如图8-2所示，教师自行选择是否愿意绑定。

输入需绑定的手机号和验证码，绑定成功后，登录方式增加为"手机号+密码""用户名+密码"两种方式。

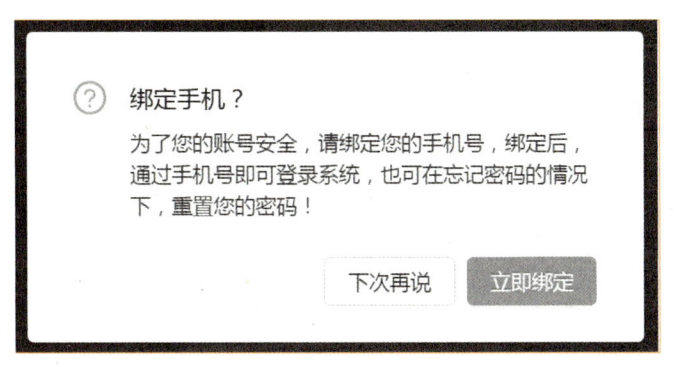

图8-2 绑定手机提示

（二）活动申报及管理

1. 活动申报—新增

活动发起人进入活动管理页面，单击右上方"+活动申报"按钮，如图8-3所示，即可创建一个新的活动申请。

图8-3 新增活动申报

2. 活动申报—活动类别

根据所发内容选择本次"活动类别"，并按照系统要求填写相关信息，如图8-4所示。

图 8-4　活动类别

3.活动申报—计分类型

计分类型分为按次（适用活动/课程）和按时长（仅适用于学校志愿者服务）两种，如图 8-5 所示。

（1）按次计分：学生按次完成活动/课程全部环节（签到、签退、评价）后，根据角色获得积分。

（2）按时长计分：活动开始至活动结束的总时长，学生完成全部环节后，根据单位时长积分乘以时长比例。

下面举例说明两种计分类型的具体计算方法。

（1）按次计分。设置报名平台为思想教育素养；分类为党团教育活动；角色为参与者。完成活动后，学生获得 1 积分。

（2）按时长计分。设置活动开始时间为 13：00，活动结束时间为 14：30，总时长为 1 小时 30 分钟。时长积分为每小时 0.05 积分，系统根据时长基数，计算对应的积分，即 90/60×0.05=0.075。完成活动后，学生获得 0.075 积分。

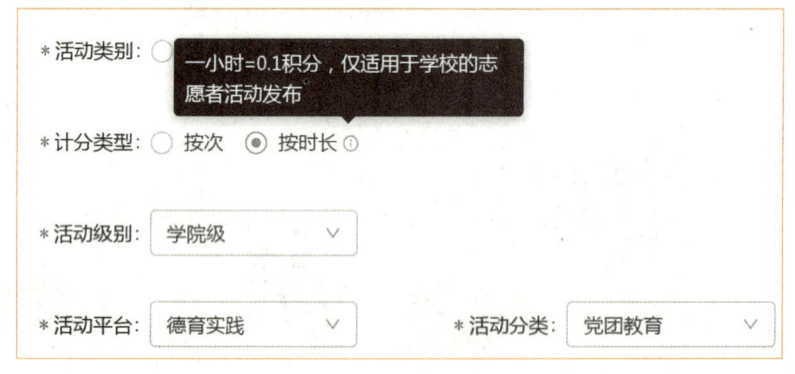

图 8-5　计分类型

4.活动申报—签到设置

根据活动/课程的需求设置学生需完成的签到时间、方式及签到位置，如图 8-6 所示。其中签到方式分人脸签到和动态二维码（二维码时效默认为 20 秒）两种。

签到"开始时间"为报名"截止时间"至课程/活动"开始时间"。签到"截止时间"应该设置为课程/活动"截止时间"之前。如果需要设置多次签到,注意每次签到的时间不能有重叠。

图 8-6 签到设置

5.活动申报—签退设置

根据活动/课程的需求设置学生是否签退、签退的时间及方式,如图 8-7 所示。

签退时间的"开始时间"为活动结束后,"结束时间"可自行设置。签退方式分人脸识别和动态二维码(二维码时效默认为 20 秒)两种。

图 8-7 签退设置

如果需要设置活动签到/签退地址,且现有地图库中尚未设置该活动所需的地址,教师可自行"选择定位",如图 8-8 所示。

需注意的是,活动发布后,即便发现设置地址错误,也无法重新设置。

图 8-8　签到/签退地址设置

6. 活动申报—角色设置

根据活动/课程的需要,"选择角色",设置其上限人数(不填写则默认无人数上限)、可获得积分及指定学生,如图 8-9 所示。

图 8-9　角色设置

7. 活动申报—指定学生

可根据角色要求,单击"指定学生"选项,从下拉菜单中单击"从学生用户库选择"选项,勾选列表中的学生,系统将自动默认勾选的学生报名成功。单击"删除"按钮,可以清空指定学生列表,如图 8-10 所示。

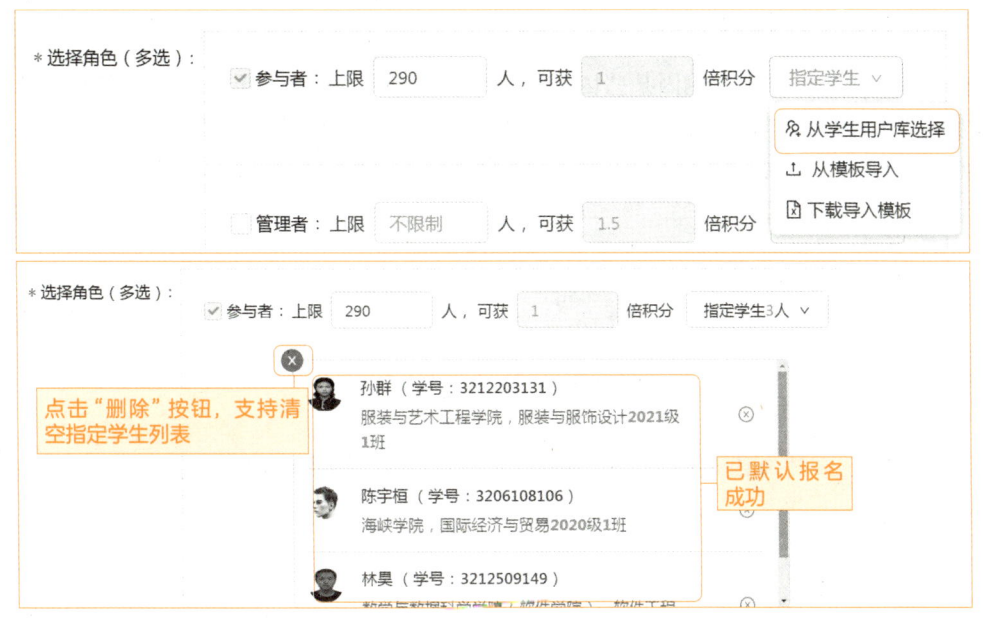

图 8-10 指定学生

如果存在大批量的指定学生，请先单击下拉菜单中的"下载导入模板"选项，下载成功后按要求填写模板内容，再单击"从模板导入"，如图 8-11 所示，上传 Excel 文档成功后，系统将自动默认文档中的学生报名成功。

图 8-11 大批量指定学生导入

如果出现学生已报活动/课程时间与本次活动/课程时间重叠的情况，导入名单后，系统会弹出提示，如图 8-12 所示，并提供两个操作选项：①返回修改；②删除重复报名学生并提交。

单击"删除重复报名学生并提交"选项，系统将直接删除重复报名的指定学生，并直接提交申报。

图 8-12 重复报名学生提示

8.活动申报—补签设置

在活动过程中,如果学生因某些因素无法完成活动签到(如手机没电、无网络信号等),活动发起人通过设置"活动补签",可让学生在补签时间段内提交补签申请。

设置"开始时间"为签退结束后;"截止时间"可自行设置,如图 8-13 所示。

图 8-13　补签设置

9.活动申报—评价时间

系统自动默认评价截止时间为活动结束后的 7 天之内,如图 8-14 所示。

图 8-14　评价截止时间设置

10.活动申报—面向对象

根据活动需求,设置本次活动可面向对象,可勾选其限定条件,如勾选"金融学 2020 级 1 班"。针对非面向对象,即"其他学生",提供两种选项,如图 8-15 所示。

(1)不允许报名。所发布的活动,只针对已勾选的面向学生,其余学生不可参加。

(2)允许报名但不给成绩。所发布的活动面向全校学生,但只针对已勾选的面向学生给予积分;其他面向学生可报名,但是不给积分。如果未完成活动流程,同样会被扣除诚信值。

图 8-15　面向对象及参与规则设置

11.活动申报—提交审批

提交后,如果出现提示"活动对应的积分规则未配置",如图 8-16 所示,则说明本次活动所选分类未配置积分,请先将活动保存,并及时联系本校管理员,让其配置积分。

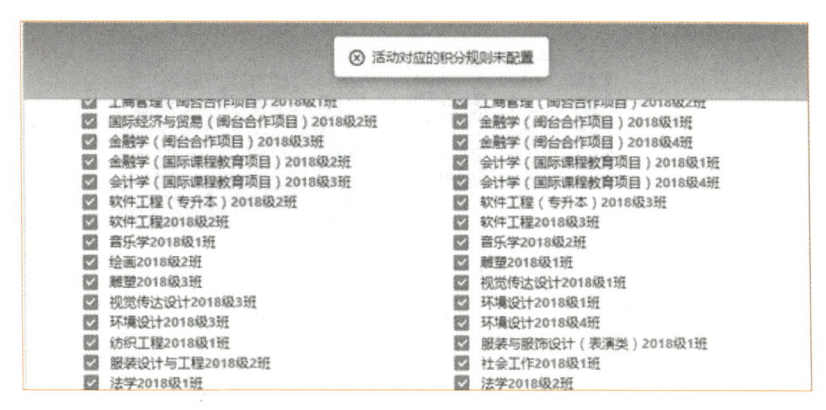

图 8-16　积分规则未配置提示

12.活动管理—复制活动并申报

单击"复制活动并申报"按钮，可复制状态为"已发布""报名中""待开展""进行中""已结束"的活动/课程，如图 8-17 所示，创建新的活动/课程。

图 8-17　复制活动并申报

13.活动管理—审批结果

活动/课程的审批结果分已发布（即审批通过）和审批不通过两种。如果活动审批不通过，在详情页查看不通过原因后，可单击"编辑"按钮，修改后重新提交申请，如图 8-18 所示。

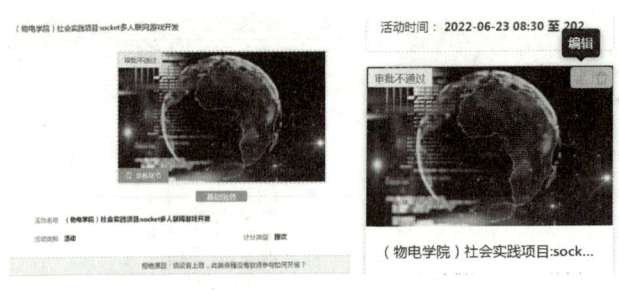

图 8-18　审批结果

14. 活动管理—取消

活动开始前，无论活动是否有学生报名，活动发起人都可单击"取消"⊗按钮取消活动，如图 8-19 所示。取消后的活动不可再进行任何操作，不会扣除已报名学生的诚信值。

15. 活动管理—撤回

活动结束前，若没有学生报名活动，活动发起人可单击"撤回"按钮撤回活动，如图 8-20 所示，活动变为"草稿"状态。若有学生已报名活动，则活动无法撤回，系统会提示"已有学生报名，不能撤回活动"，若要撤回，可在报名情况中取消已报名的学生后，方可撤回。

图 8-19　取消功能　　　　　图 8-20　撤回功能

16. 活动管理—删除

当活动状态为"草稿""审批不通过"时，系统支持删除当前活动，可单击"删除"按钮删除该活动，如图 8-21 所示。

当活动状态为"待审批""已发布""报名中""待开展""进行中""已结束""已取消"时，系统不支持"删除"当前活动。

图 8-21 删除功能

（三）活动跟踪

1.活动跟踪—活动详情

在首页中单击"活动信息"—"活动跟踪"选项，根据活动的名称、状态，或者活动类别、时间进行选择，可查看所选活动的活动详情。如果签到方式设置为"动态二维码"，在页面右侧单击"签到开始"按钮，会弹出签到二维码，如图 8-22 所示。

图 8-22 活动详情及签到

（1）活动详情—查看审批环节。单击"审批环节" 按钮，显示提交时间、审批进程、

89

审批教师信息、审批时间，如图 8-23 所示。如果教师授权学生进行审批，会显示授权学生信息。

所提交审批的活动/课程，如果为审核员自己提交的，直接通过审核，不用再审一次。

图 8-23 审批环节

（2）活动详情—查看签到/签退地图位置。在规则设置中单击"地理位置"按钮，可查看创建活动/课程选择的地址，如图 8-24 所示。

（a）

（b）

图 8-24 查看签到/签退地图

（3）活动详情—二维码签到。单击时间轴的二维码，弹出签到/签退二维码及签到剩余时间，如图8-25所示。

图8-25　二维码签到

（4）活动详情—延长补签时间、评价时间。活动结束后，单击"延长"⏰按钮，可对补签时间和评价时间进行延长，如图8-26所示。

延长时间统一为7天。

图8-26　延长时间提示

2.活动跟踪—报名情况 / 取消报名

在"报名情况"列表可查看已报名成功学生的基本信息，活动发起人在活动结束前，可取消学生报名，如图8-27所示。

需重点说明以下两种情况。

（1）报名结束前，活动发起人取消学生报名，学生仍可重新报名。

（2）报名结束后，学生如果有特殊情况（如突发身体不适等）无法参与，活动发起人取消学生报名后，不会扣除学生的诚信值。

图 8-27　报名情况

3. 活动跟踪—评价情况

活动结束后，活动发起人可以在"评价详情"页面查看学生提交的关于本次活动的评价内容。单击"删除"按钮，如图 8-28 所示，可删除评论，保留学生评价记录。已删除的评论不会显示在微信活动中，删除后的内容不可恢复。

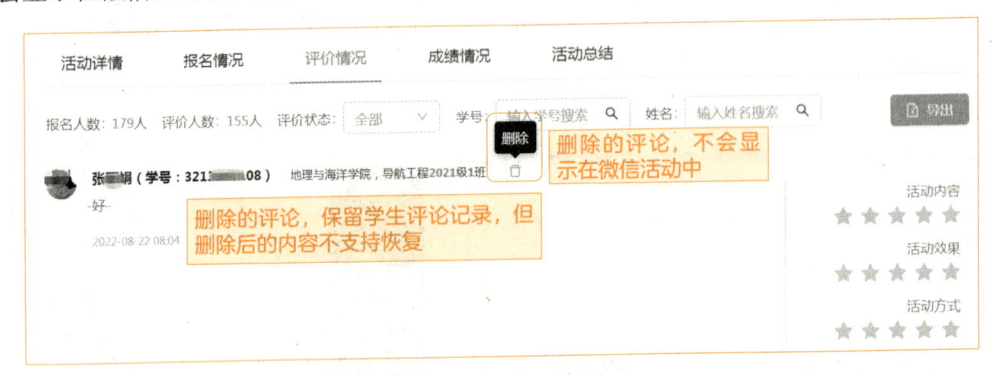

图 8-28　评价情况

4. 活动跟踪—查看成绩

活动结束后，系统实时刷新已报名学生获得成绩的情况，可在"成绩情况"列表页中查看，如图 8-29 所示。如果学生成绩为空，则表明该学生还未完成当前活动的全部环节（签到、签退、评价）。

图 8-29　成绩情况列表

如果发现学生成绩在本次活动中存在造假，可单击"处罚"⚠按钮，对该学生本次活动成绩进行处罚，如图 8-30 所示。处罚后该成绩状态变成"处罚"。

图 8-30　进行处罚

（1）只有学生获得成绩后，才能进行"处罚"操作。
（2）"处罚"后，回收学生已获成绩，并扣除对应诚信值。

5.活动跟踪—签到情况

在成绩情况列表中，单击"签到记录"按钮，查看学生当前活动的签到/签退详情（已签；未签）。如果采用人脸识别方式进行签到/签退，可查看学生个人照片与现场拍照的对比图，如图 8-31 所示。

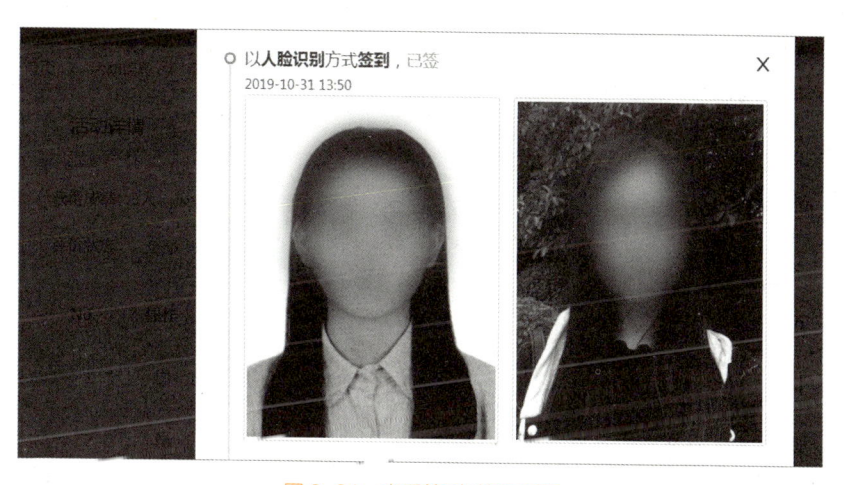

图 8-31　查看签到/签退记录

6.活动跟踪—活动总结

针对处于"已结束"但未提交总结情况下的活动，单击右上角"总结"按钮，活动发起人自愿填写活动总结，如图 8-32 所示。也可在"活动跟踪"里面查看已结束的活动，并进行总结。

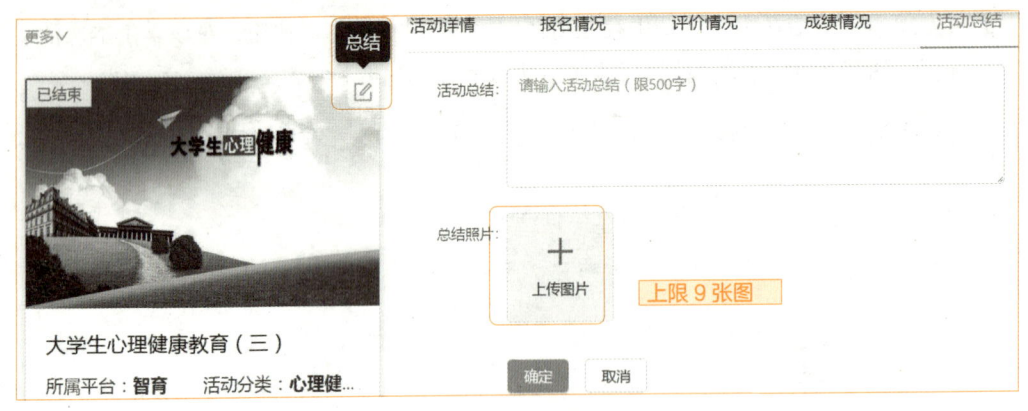

图 8-32　填写活动总结

（四）审批中心

1. 审批中心—报名审批

活动如果设置了"角色"（负责人、管理者），活动发起人务必在活动报名结束前，单击"通过"按钮，完成审批，如图 8-33 所示。

（1）审批完成：学生报名成功。

（2）审批未完成：系统会自动退回报名申请，理由统一为"活动已开始"。

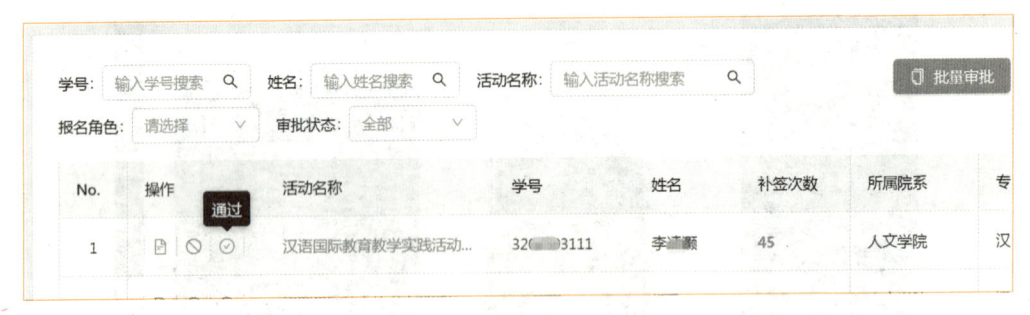

图 8-33　报名审批

2. 审批中心—补签审批

活动补签开始后，活动发起人可在任何时间内对学生补签进行"通过""拒绝"审批。补签详情中显示补签理由，如补签被拒绝，还将显示审批拒绝的原因，如图 8-34 所示。

图 8-34 补签详情

（五）个人中心

1. 权限授权

在"我的授权"页面中，教师可将权限授权给本校的学生，由学生代为负责管理，如图 8-35 所示。

（1）老师可将权限授权给多名学生。

（2）1 名学生只能接受 1 名教师的授权。

图 8-35 权限授权

2. 个人信息

在个人信息页面中，可修改姓名、联系手机、研究方向、个人简介、正装照，如图 8-36 所示。

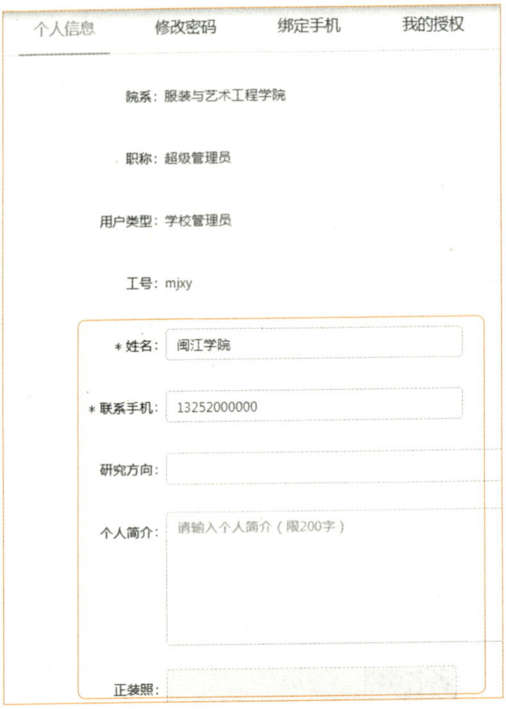

图 8-36　个人信息编辑

3. 修改密码

在个人中心可以进行密码修改，如图 8-37 所示。

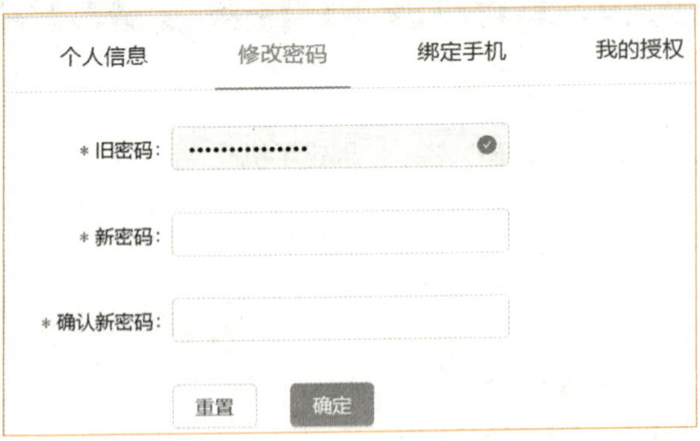

图 8-37　修改密码

单击"绑定手机"选项，单击"立即绑定"按钮绑定手机号，教师即可使用手机号和密码进行登录。如果需要修改绑定手机，单击"修改"按钮进行修改，如图 8-38 所示。

图 8-38　绑定手机页面

二、证书认证

（一）证书认证审批

审批人员查看证书内容后，审批学生提交的证书申请。可对证书内容进行"通过""拒绝""处罚"的操作。

1.证书认证审批—通过/拒绝

审批人员查看证书内容详情后，单击"通过"⊘或"拒绝"⊘按钮，可对"待审批"的证书进行审批，如图 8-39 所示。如果拒绝，需填写拒绝申请。

图 8-39　审批证书

2.证书认证审批—疑似证书

如果同平台或同类型平台中，存在与已通过审批的证书相似证书，则会在"疑似证书列表"中进行展示，如图 8-40 所示。本次认证证书（提交参数）与先前认证通过证书（提交参数）内容进行对比，显示证书"相似程度"对应数值。列表中只展示疑似度最高的 5 个证书。

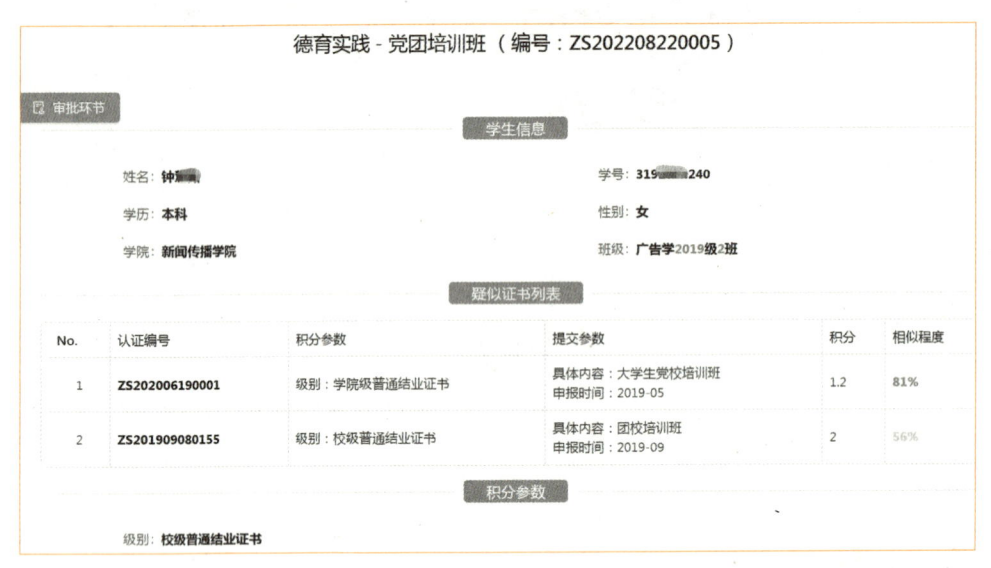

图 8-40　疑似证书显示

系统默认勾选"隐藏停用"选项，隐藏证书类型状态为"禁用"的证书。如需查看被隐藏禁用的证书，在证书类型中单击"隐藏停用"，取消勾选，如图 8-41 所示。

图 8-41　隐藏停用证书

3. 证书认证审批—查看审批环节

单击"审批环节"按钮，可查看审批环节相关信息，如提交时间、证书审批进程、审批老师信息（姓名和手机号）、审批时间，如图 8-42 所示。

图8-42 查看审批环节

（二）证书处罚

审批人员如果发现"已通过"证书出现造假、重复提交等现象，单击"处罚"⚠按钮，可对该证书进行处罚，处罚后扣回相应分数，并扣除诚信值，如图8-43所示。在"证书状态"选项中可查看该证书是否被处罚。

图8-43 证书处罚

第二节　第二课堂平台+教师微信端

关注相应的微信公众号，点击右上角"我是教师"选项，进入登录页面。

在登录页面输入正确的"账号+密码"或"手机号+密码"，完成账号登录，如图8-44所示。需在PC端绑定手机号后，才能进行此操作。

图 8-44　教师登录

一、日程

"日程"列表中可展示教师"今日"或"后 3 天"范围内所有活动/课程的状态,如图 8-45 所示。活动/课程状态包括"草稿""待审核""审批不通过""已发布""报名中""待开展""进行中""已结束"。

图 8-45　日程显示

二、审批中心

活动申报审批、报名/补签审批功能可以通过不同的路口，进行相应的审批操作，其中活动申报审批仅限有权限的老师。

可根据不同维度进行平台筛选，查看活动审批记录，如图8-46所示。

图 8-46 审批记录

（一）活动申报审批

通过查看待审批活动的详情，包括基础信息、规则设置和活动对象，点击"驳回"或"申课终审通过"按钮，对活动进行审核，如图8-47所示。

图 8-47 活动申报审批

（二）报名审批

查看学生提交的"管理者"或"负责人"报名申请，对其进行审批，需注意以下两点。
（1）报名结束前完成审批，学生即为报名成功。
（2）报名结束后未完成审批，系统自动退回申请，理由统一为"活动已开始"。

（三）补签审批

查看学生提交的补签申请进行审批。活动发起人可在补签开始后的任意时间，审批完成学生提交的补签申请。

（四）审批记录

点击"报名/补签审批"—"审批记录"选项，可分别查看"报名审批"和"补签审批"列表中相关活动/课程。点击"报名记录"或"补签记录"按钮，可分别查看该记录的具体内容，如图 8-48 所示。

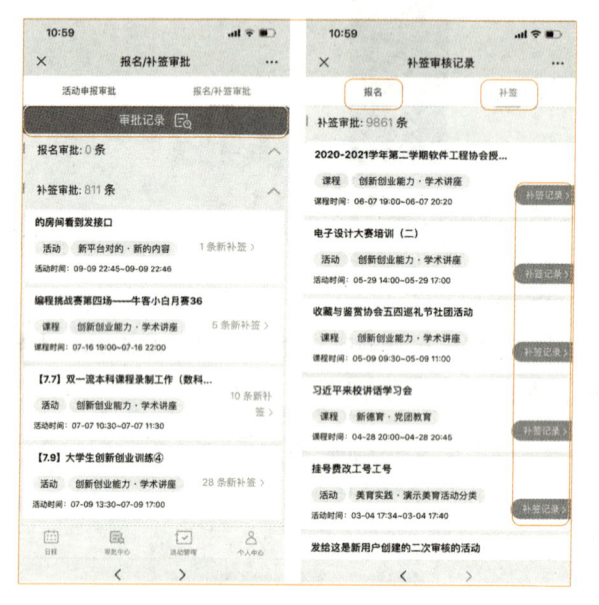

图 8-48　审批记录

在"报名记录/补签记录"页面中，可详细查看每个活动/课程的学生提交的报名审批/补签的审批结果，如图 8-49 所示。

图 8-49　审批记录详情

三、活动管理

（一）活动申报

在活动管理页面中，点击右下方的"新增" ➕ 按钮，进入活动/课程申报页，根据所发内容选择本次"活动类别"，并填写相关信息，如图 8-50 所示。

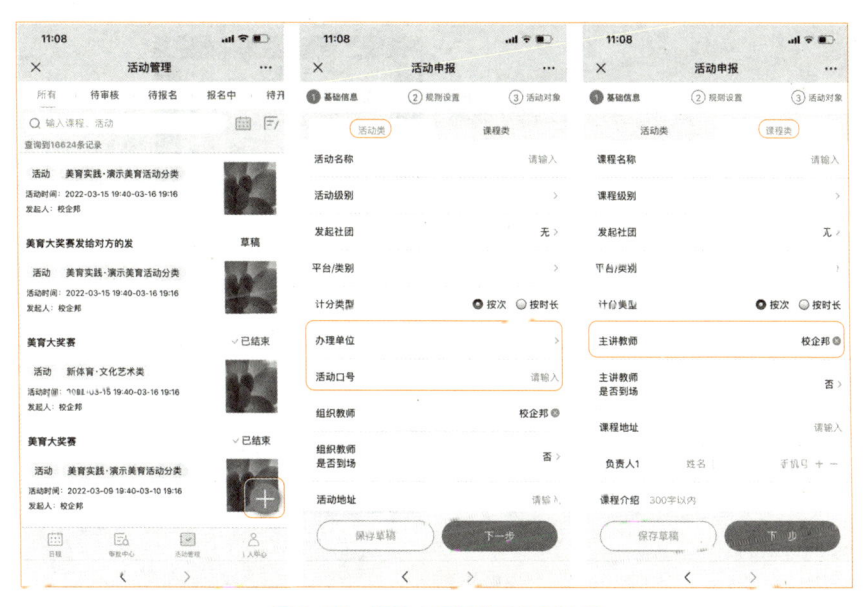

图 8-50　活动申报新增及类型选择

根据活动/课程的需要，在规则设置中分别填写报名时间、活动时间、签到、签退、报名、补签时间、评论截止的信息，如图8-51所示。

图8-51 规则设置

点击"+签到"按钮，在"签到规则"页面中选择签到规则，其中签到方式有二维码和人脸识别两种。

以二维码签到为例，需选择该二维码的时效，该活动/课程的"签到日期"、签到"开始时间"和"签到限时"，如图8-52所示。

图8-52 设置签到方式及时间

点击"签退"按钮，在"签退规则"中选择签退规则，其中签退方式有二维码和人脸识别两种。

以人脸识别签退为例，需选择签退位置，该活动/课程的"签退日期"、签退"开始时间"和"签退限时"，如图8-53所示。

图 8-53　设置签退规则

点击"报名"按钮，在"报名规则"页面中勾选本次活动/课程所需的"角色及上限人数（不填写则无人数上限）"，如图8-54所示。

请注意，微信端不支持指定学生和导入学生两项功能。如果需要进行这两项操作，请登录PC端。

图 8-54　设置报名角色

点击"补签时间"按钮，选择签退时间。点击"签退结束后 24 小时"选项，学生可在其指定时间内提交补签申请，如图 8-55 所示。

图 8-55 补签时间设置

点击"评价截止"按钮系统将自动默认评价截止时间为活动结束后 7 天，如图 8-56 所示。

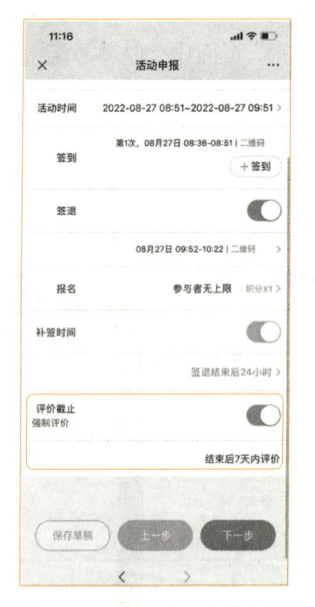

图 8-56 设置评论截止

勾选本次活动可面向对象，限定条件依次为其所在的学院、专业、年级、班级。而针对非面向对象，即"其他学生"，设置两个选项，如图 8-57 所示。

（1）不允许报名。所发布的活动只针对已勾选的面向学生，其余学生不可报名参加。

（2）允许报名但不给成绩。所发布的活动面向全校学生，但只针对已勾选的面向学生给予积分；其他面向学生可报名，但是不给积分。若未完成活动流程，同样会被扣除诚信值。

图 8-57　设置面向对象

（二）活动跟踪

在"活动管理"页面，可查看已发布活动/课程的所有状态，如"待审批""待报名""报名中""待开展""进行中""已结束"，以及活动/课程详情，如图 8-58 所示。

请注意，微信端不支持：①查看"审批不通过"理由，如果需要可在PC端或者审批中心中查看；②根据活动/课程不同状态，可进行"取消""撤回"操作。

图 8-58　活动/课程状态及详情

在"活动管理"页面，点击右上角的"编辑"按钮，可查看状态为"草稿"的活动/课程，并可对草稿内容进行编辑。选择"草稿箱"列表中的活动/课程，向左滑动会出现"删除"按钮，点击即可删除该内容，如图 8-59 所示。

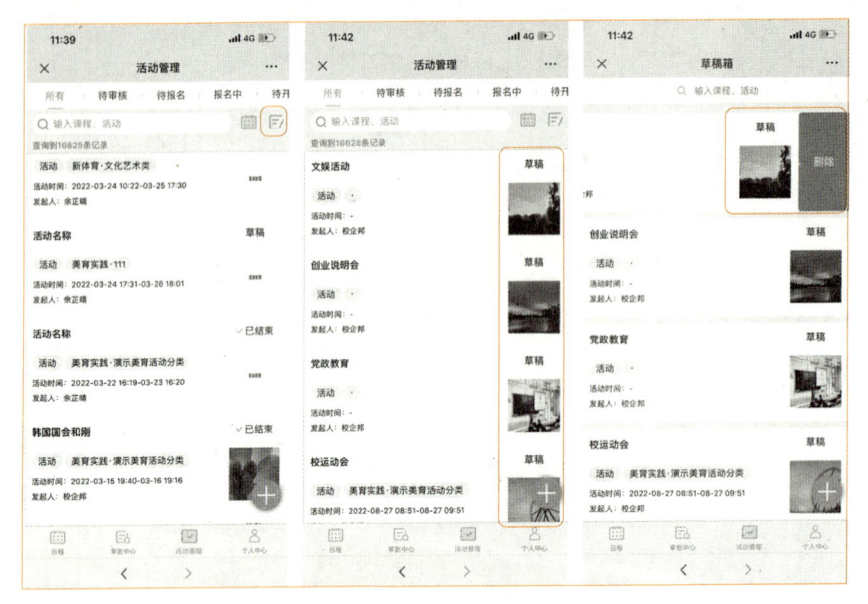

图 8-59　删除活动/课程草稿

当前活动/课程处于"报名"阶段，可在详情页中查看成功报名学生的信息，如图 8-60 所示。

请注意，微信端不支持"取消报名"。请登录PC端进行操作。

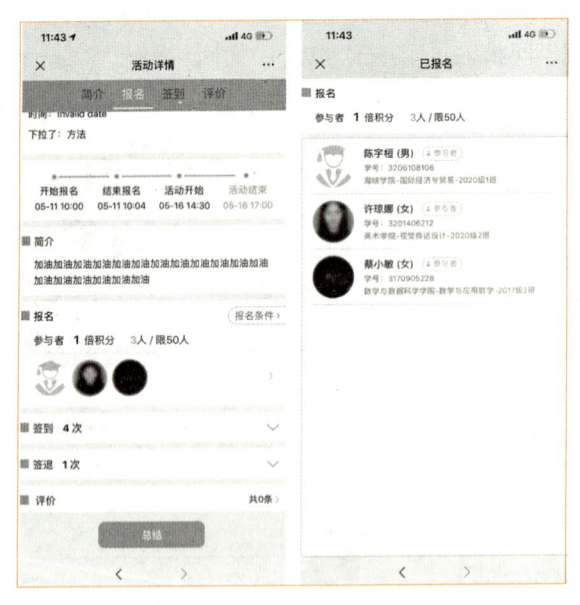

图 8-60　查看报名学生信息

当前活动/课程阶段为"进行中"，或当前时间未有正在进行中的签到，都可点击"发起签到"按钮，进行临时签到。进入"发起签到"页面，选择签到方式，如选择二维码签到，默认时效为 20 秒。如果选择人脸签到，需设置位置和签到时长。确认无误后，点击"确认"按钮，即可立即开启签到。

例如，活动时间为 14：00—16：00，已设置签到时间为 14：30—14：40。此时当前时间为 15：00。如果教师点击"发起签到"按钮，选择签到时长为 10 分钟，点击"确认"按钮，即可在 15：00—15：10 添加一次签到，如图 8-61 所示。

图 8-61　发起签到

如果在创建活动/课程时，"签到/签退"方式选择的是"二维码"，当"签到/签退"开始时间后，点击右下角"签到中"按钮，页面弹出该时段的签到/签退二维码。在课程详情中可查看签到/签退次数和具体时间及签到/签退人数，如图 8-62 所示。

图 8-62　二维码签到

活动/课程结束后，可查看学生对本次活动/课程的评价内容，也可对评价进行"点赞"。

109

在活动/课程评价中，分别显示"参与者"与"督导队"的评价内容，如图8-63所示。教师只能看到自己所发活动/课程的参与者和督导队的评价内容。评价内容为匿名制。评价维度分数根据学校配置的评价占比率进行计算。

请注意，微信端不支持"删除评论"，如果需要请登录PC端进行操作。

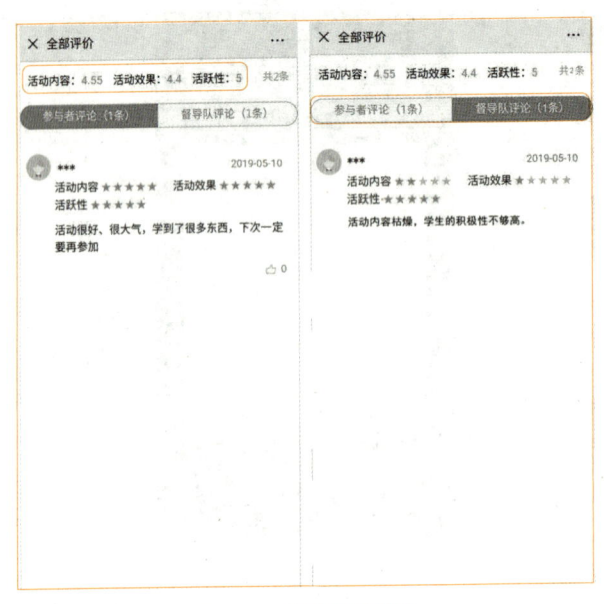

图 8-63　评价评分详情

活动结束后，活动发起人自愿填写活动总结。在活动详情页上点击"总结"按钮，填写总结内容，如图8-64所示。

活动结束后，如果已提交总结，可在活动详情中查看所提交的总结内容。

活动总结只有活动发起人和超级管理员可进行查看，其余人员无法查看。

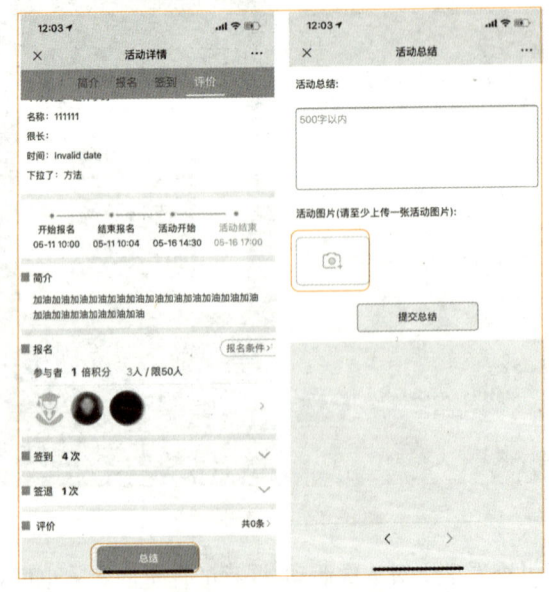

图 8-64　填写活动总结

四、个人中心

在个人中心页面，点击"个人信息"按钮，进入个人信息页面。点击"编辑"按钮，可修改姓名、研究方向、手机号、正装照、个人简介等信息，如图 8-65 所示。

图 8-65　编辑个人信息

第三节　第二课堂平台+学生微信端

一、"认证"登录

进入登录页，上传本人真实照片，输入正确的"身份证后 6 位及学号"完成学籍认证，头像必须设置。如果已成功激活账号，但之后账号被解绑，重新登录账号则无须重新上传头像。

如果系统提示"未找到学籍信息！"，其原因如下。

（1）身份证或学号其中一项输入错误。

（2）本校学籍系统无该名学生信息，请联系校管理员添加个人基本信息后再进行学籍认证。

（3）输入信息是准确的，但本校学籍系统中，学生信息（学号或身份证）有误，造成学生无法进行学籍认证，请联系本校管理员进行学籍内容核实。

请务必按照标准上传本人真实照片，否则会导致活动签到/签退时无法通过人脸识别，影响活动/课程积分的获得。

学生认证登录的操作流程及认证照片标准如图 8-66 所示。

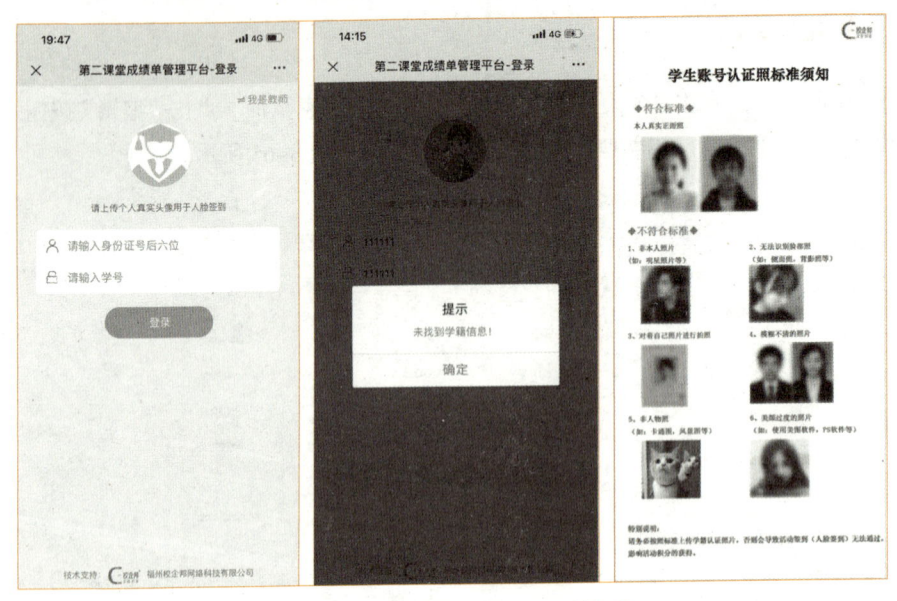

图 8-66　学生认证流程及认证照片标准

二、"学习"模块

可以按照活动/课程的名称搜索活动，如图 8-67 所示。系统支持模糊搜索。点击活动/课程的图片，可以跳转到对应的内容。通过快捷入口，可以快速登陆相对应的功能页面。近期马上开始报名的活动/课程可在首页推荐。页面中只显示学生可报名的活动/课程。

图 8-67　搜索活动/课程页面

点击"系统公告"按钮（红色角标可显示未读的公告数），查看教师所发布的面向学生的公告内容。点击公告，可查看公告具体内容，已查看公告将显示为"已读"，如图 8-68 所示。

图 8-68　系统公告

三、"分类"模块

在"分类"菜单中，选择对应的"活动分类"，查询相关的活动/课程列表。列表中可展示已发布的活动/课程列表及状态，如"待报名""报名中""待开展""进行中""已结束"，如图 8-69 所示。

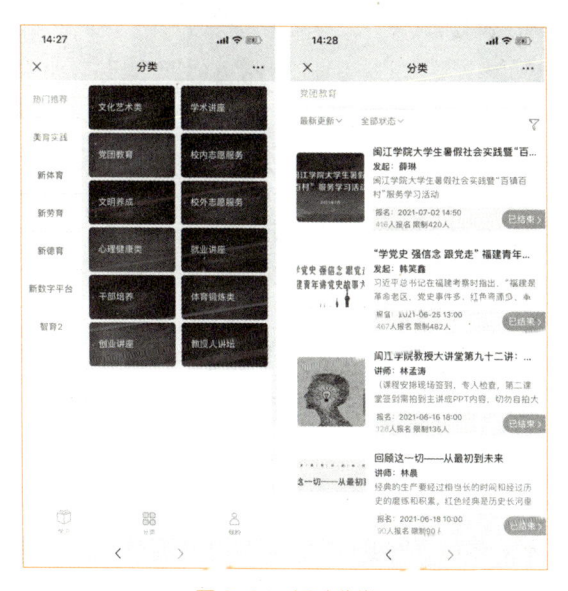

图 8-69　活动分类

在教师墙中，点击某名教师，可查看该教师已成功发布的活动/课程，如图 8-70 所示。
非本次活动/课程所面向的学生，也可通过教师的"开课列表"进行查看。
列表内容不显示状态为"草稿""待审批""审批不通过""取消"的活动/课程。

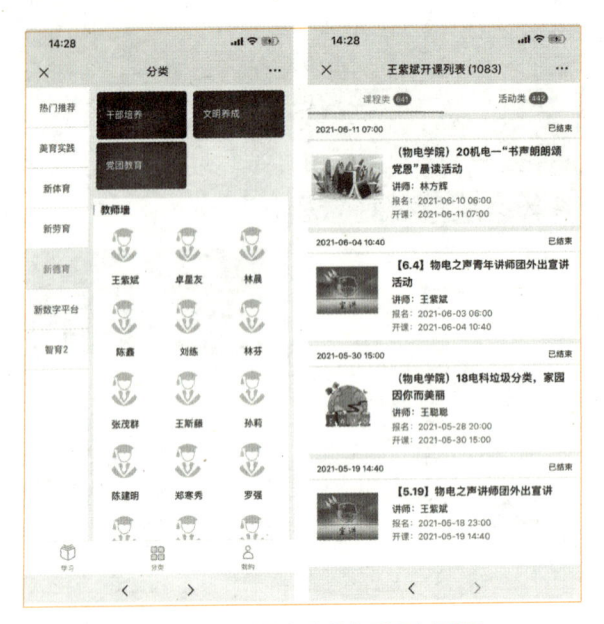

图 8-70 通过教师分类查看活动/课程

在"分类"菜单中,可以通过活动/课程状态或分类筛选,如类型、报名时间、活动时间、级别。页面中只显示学生可报名的活动/课程,如图 8-71 所示。

图 8-71 活动课程筛选

选择活动/课程后,可以查看"活动详情"或"课程详情"。

详情页可查看活动/课程的内容,如"简介""角色""积分""活动时间""面向对象""评价",如图 8-72 所示。

系统支持对活动/课程进行"收藏"和"取消收藏"。

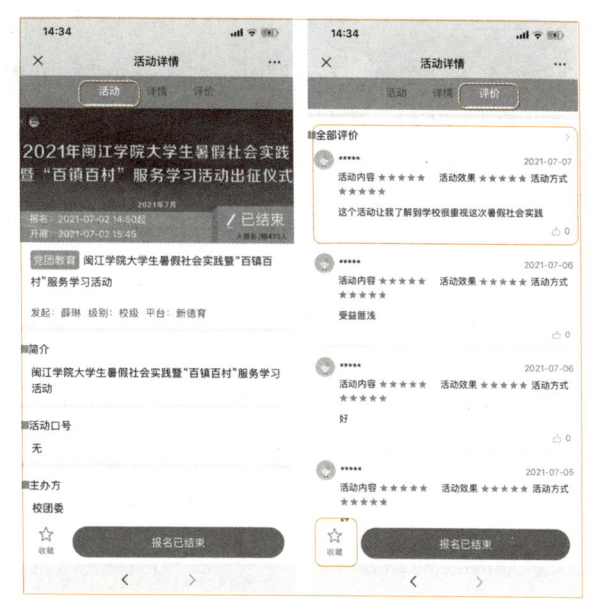

图 8-72　活动/课程详情

　　如果本次活动/课程设置为面向全体人员，但只针对发起人勾选的对象给予积分，非勾选的对象不会获得积分，其积分规则可在活动详情中查看，如图 8-73 所示。非勾选的对象完成活动后，不会获得积分，但未完成会被扣除诚信值。

图 8-73　活动/课程积分情况

　　活动/课程状态为"报名中"时，点击"马上报名"按钮进行报名，勾选所要报名的角色后，再点击"提交报名"，如图 8-74 所示。

　　如果点击"马上报名"按钮后，出现提示已报名，则表示已报名成功。如果学生已被活动发起人指定角色，系统默认报名成功。

　　收到课程开始提醒（活动开始前 5 分钟），点击该提醒可直接跳转活动详情页。学生勾选角色，完成报名。

每个活动/课程只允许报名一个角色，不可同时报名多个角色。正常情况下，报名"管理者""负责人"需通过活动发起人的审批，除非学校不设置审批。

图 8-74　活动/课程报名

从活动开始至活动结束，相同的时间段内学生不可同时报名多个活动/课程，如果已报名活动/课程的时间存在冲突，点击"马上报名"按钮后，系统会提示"报名失败，您在同一时间已报名其他活动或课程"，如图 8-75 所示。

如出现"我的活动/我的课程"内容均为空，则表示学生已被教师通过导入名单的方式，报名了某个活动/课程。可根据微信推送的活动报名通知进行查看。

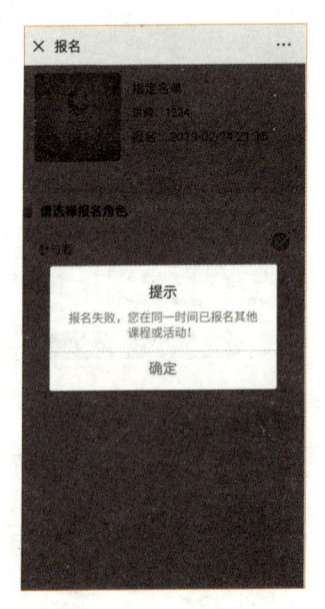

图 8-75　时间冲突提示

四、"我的"模块

在"我的"右上角会出现"学籍信息"按钮，如图 8-76 所示。在"学籍信息"中允许修改"头像""手机号""邮箱""身份证"。

头像用于验证活动签到，"人脸识别"时，现场拍照与个人头像进行匹配。

图 8-76 学籍信息

报名角色为"管理者"或"负责人"，需由活动发起人进行审批，"管理者"或"负责人"报名审批结果在"我的课程"或"我的活动"中查看，如图 8-77 所示。

报名结束前通过审批才能视为报名成功，否则视为报名失败。

报名结束后自动退回申请，理由统一为"活动已开始"。

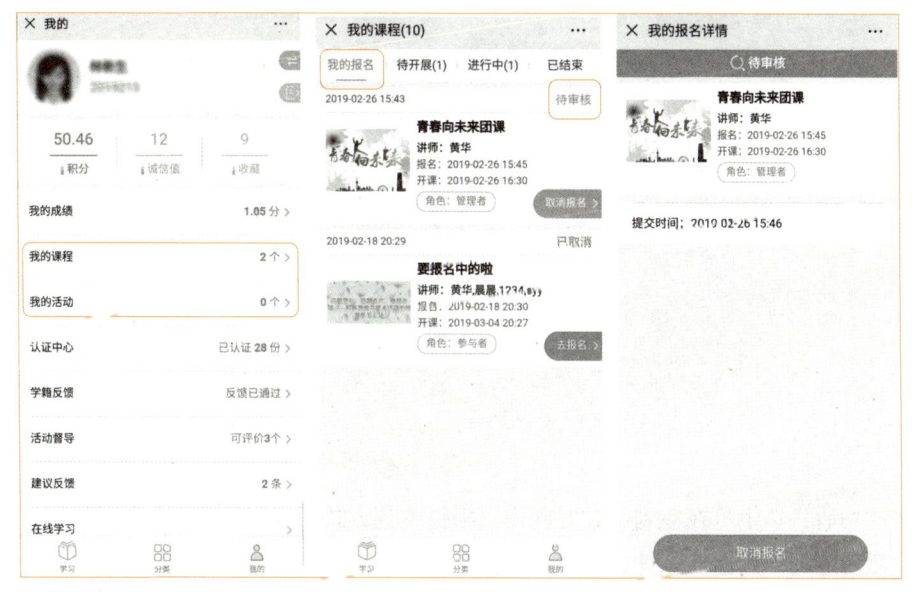

图 8-77 "管理者""负责人"审批结果

在"我的报名"列表页，查看审批状态及驳回原因，如图 8-78 所示。审批状态分为"待审核""未通过""已通过"。如果未通过审核，可继续报名申请并注意杜绝类似原因。

图 8-78　审批状态

报名结束前，学生可随时取消报名，并重新报名，如图 8-79 所示。报名结束后，学生无法取消报名。如需取消报名，请在活动结束前，联系活动发起人进行取消。

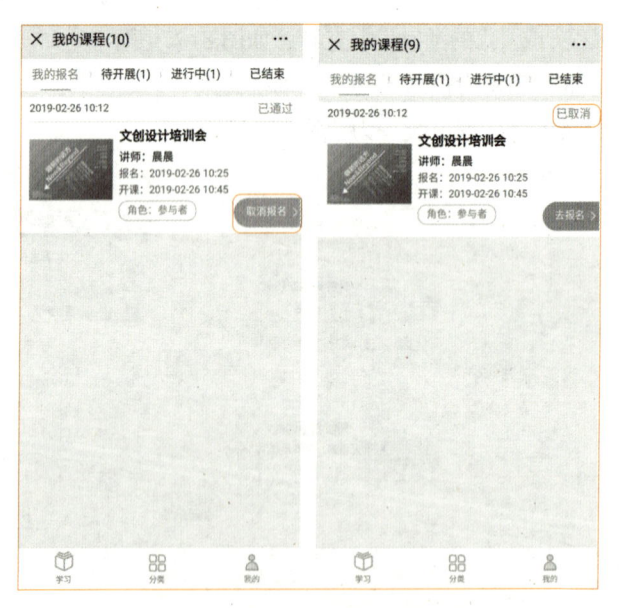

图 8-79　取消报名与重新报名

报名成功后，学生可在签到有效时间内，根据签到方式完成签到。

首次活动签到开始前 5 分钟，微信推送提醒。

在签到详情页，完成当前时间段的签到，点击"扫码签到"按钮，自动开启微信扫码功能，学生通过扫描教师提供的二维码完成签到，如图 8-80 所示。

学生也可直接通过微信自带的"扫一扫"功能,扫码第二课堂签到/签退二维码,快速完成签到/签退。

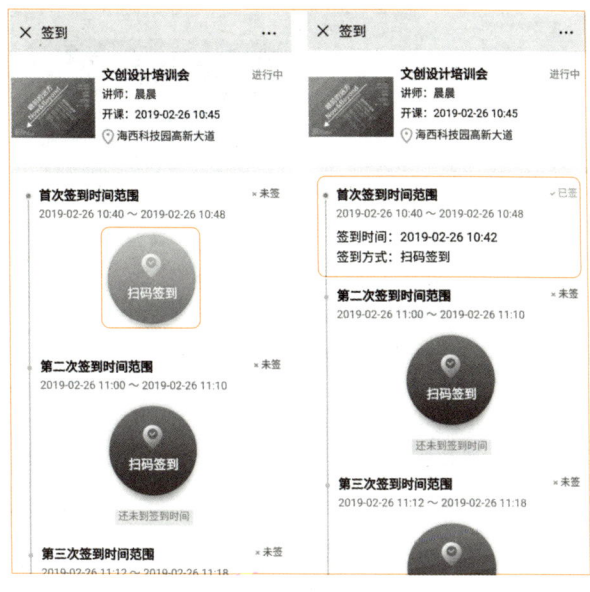

图 8-80 扫码签到

如果用人脸识别签到,请先打开手机定位,在签到有效范围内点击"人脸识别签到",在现场拍摄个人照片,如图 8-81 所示。

无法完成签到原因如下。

(1)现场所拍照片与"头像"不匹配。

(2)未在活动签到有效范围内或未开启定位。

图 8-81 人脸识别签到

在签到/签退页，点击"查看定位"按钮，可查看学生所在地与签到/签退位置的距离，如图 8-82 所示。

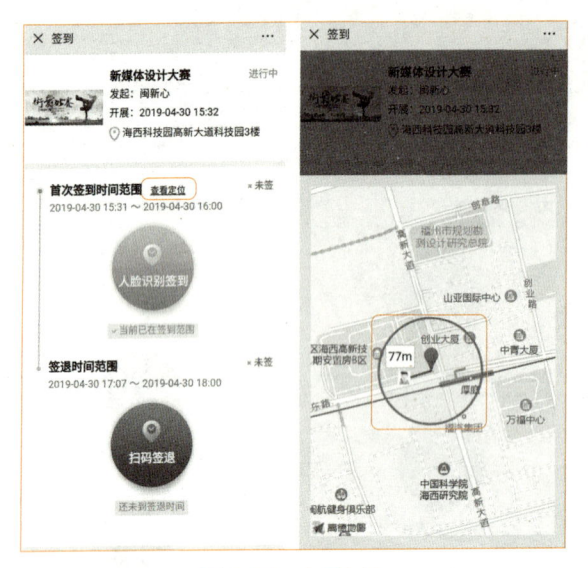

图 8-82　查看定位

活动结束后，在签退有效时间内，根据签退方式在有效时间内完成签退，如图 8-83 所示。

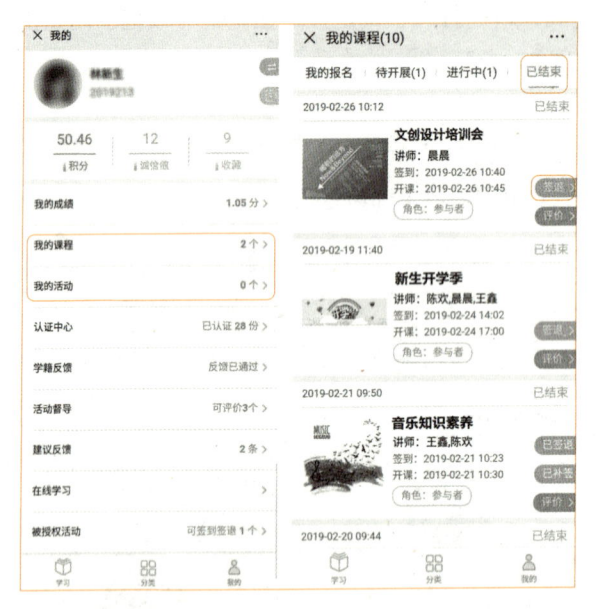

图 8-83　签退

活动签退结束后，在补签有效时间内可提交补签申请，如图 8-84 所示。审批通过后即为补签成功。只允许提交一次补签申请。

补签为一次性补签在活动过程中的所有"未签到"和"未签退"。

图 8-84　补签申请

在"已结束"列表页,点击"已补签"按钮,查看审批状态及驳回原因,如图 8-85 所示。审批状态有"待审核""未通过""已通过"。

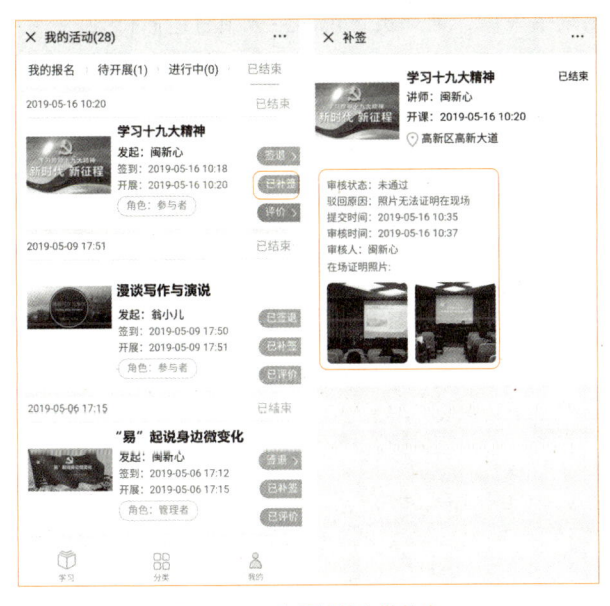

图 8-85　查看补签审批状态

活动结束后,完成全部活动/课程的学生可对当前活动/课程进行评价,如图 8-86 所示。只允许评价一次,默认为匿名评价。

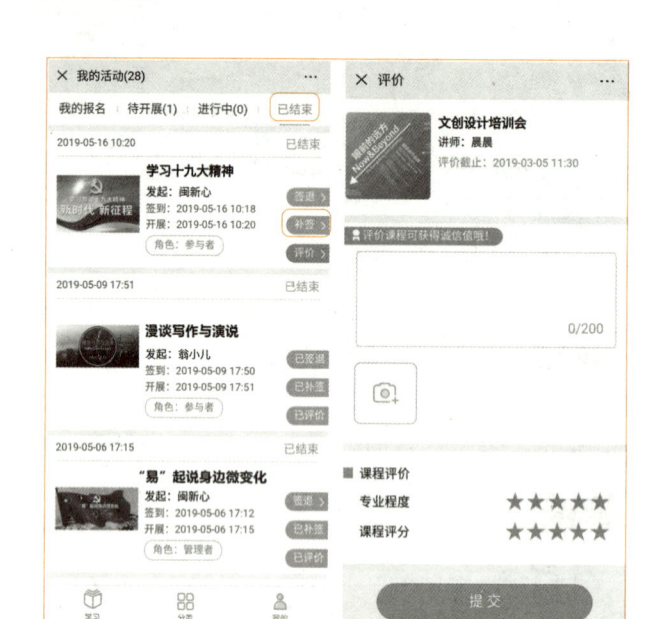

图 8-86　活动/课程评价

学生完成全部活动/课程环节后，可查看所获得的积分、学分明细及状态（正常或被处罚），如图 8-87 所示。

被处罚的原因为活动结束后，辅导员发现学生成绩有造假行为。

被处罚的结果：①回收学生所获成绩，并扣除学生的诚信值；②被惩罚后积分显示 0 分。

证书审批通过，也可获得积分。

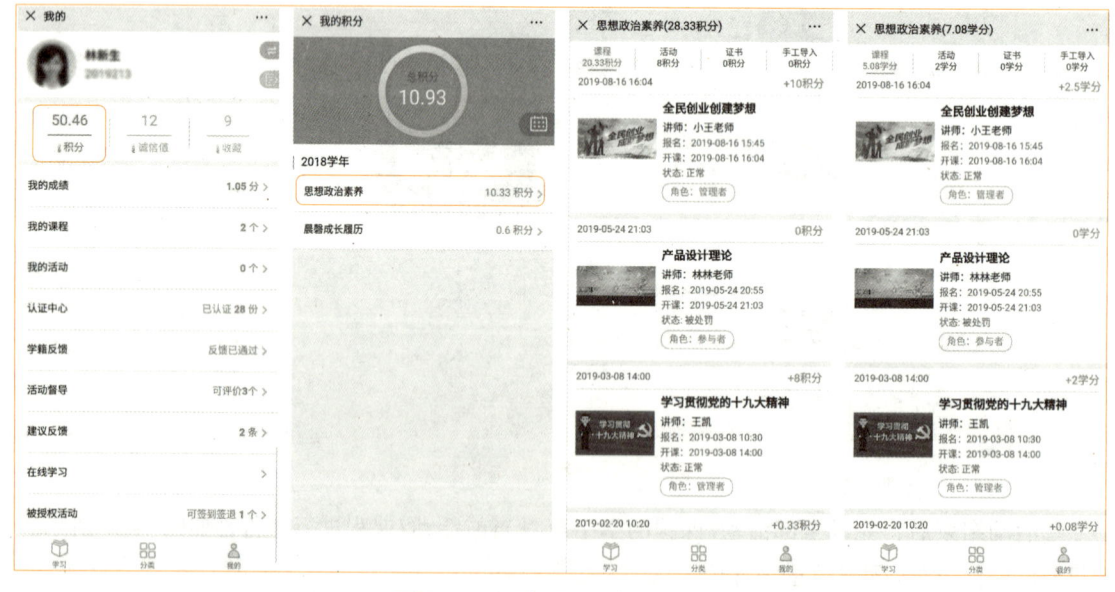

图 8-87　活动/课程所获得的积分

"我的成绩"列表页中的最低学分为建议学生本学年累计修满的最低学分。例如：活动平台为文体活动平台，2018 学年最低学分为 10，则表示建议学生本学年累计最低修满 10，如图 8-88 所示。

累计至本学年最低学分为建议从开始至本学年累计修满的最低学分。

例如：活动平台为技能特长平台，2018学年最低学分为10，2019学年最低学分为5，则表示建议从开始至本学年累计修满的最低学分为15。

图 8-88　最低学分

在"我的成绩"列表页中，点击左下角的"我的成绩单"按钮，显示当前学年"第二课堂成绩单"明细，如图 8-89 所示。

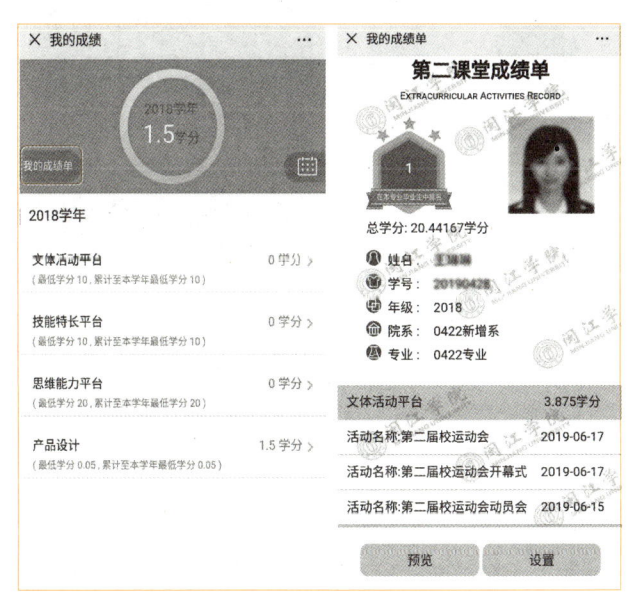

图 8-89　成绩单

点击"预览"按钮，生成"成绩单预览"。点击"下载"按钮，可下载PDF格式"第二课堂成绩单"，如图 8-90 所示。

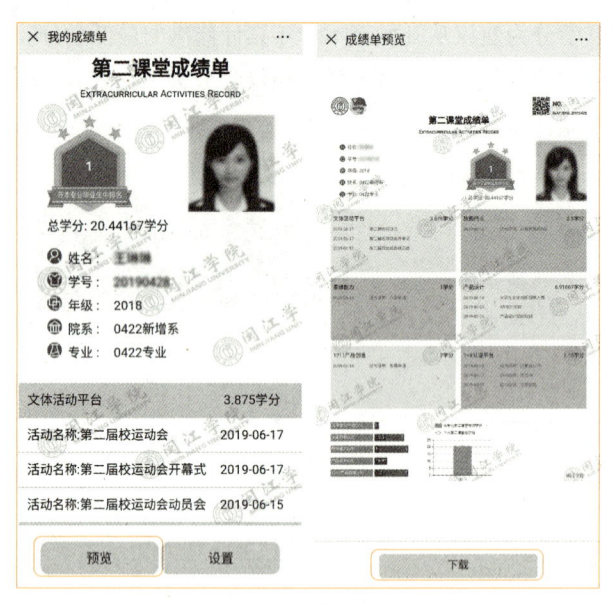

图 8-90　成绩单预览及下载

点击成绩单"设置"按钮，在"请选择您要配置的平台"选项中，选择需进行勾选成绩单内容展示平台，如图 8-91 所示。

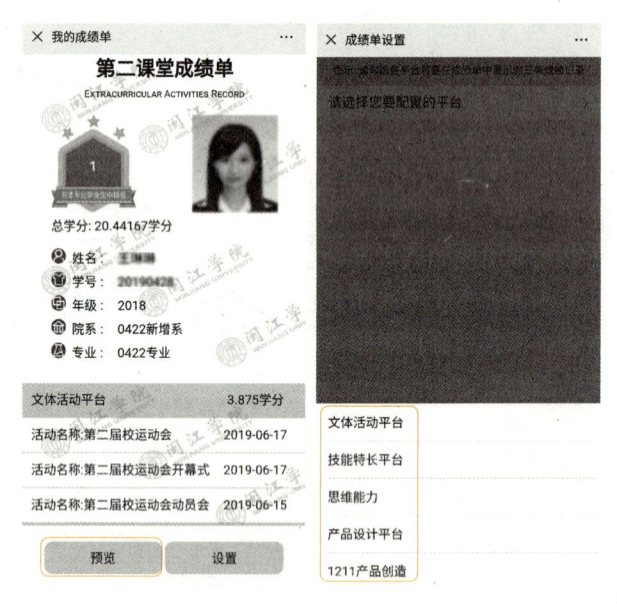

图 8-91　成绩单内容展示平台

在平台列表中勾选展示在第二课堂成绩单的 3 条数据，确认无误后点击"保存"按钮，即为保存成功，如图 8-92 所示。勾选的内容会在学生"第二课堂成绩单"对应的平台中显示。

第八章 第二课堂系统平台操作

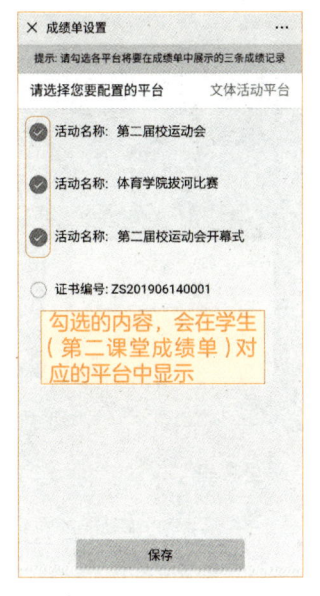

图 8-92 平台选项

　　点击"认证中心"选项，进入证书认证页面后，点击"+新增证书"按钮，选择"证书归属平台及类型"。填写完成对应的证书内容，选择当前证书"保存"或"提交"。如填写证书认证相关信息时，系统提示没有该证书的认证，可点击"新增反馈"按钮，在"新增反馈"页对所需内容进行反馈。上传照片选项为非必填，上传上限9张，如图 8-93 所示。

图 8-93 证书认证

　　学生提交证书认证时，与以往证书相似程度 ≥ 80%，"即新增证书的提交参数对比已通过证书的提交参数"，系统会弹出提示提醒学生。学生点击"确认"按钮，可继续提交新增证书，但如果是重复提交，会被处罚。如图 8-94 所示。

125

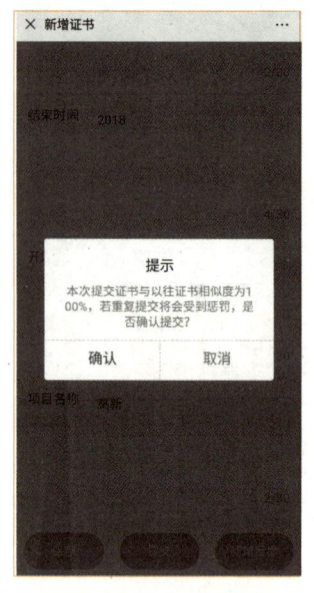

图 8-94　重复提交处罚页面

"认证中心"可查看证书状态,如"已认证""待审核""未通过""未提交",以及证书信息。对于"待审核"状态的证书,可通过点击"撤回"按钮进行撤回。应注意的是,证书只有在未审批的情况下才能撤回,如果证书已经被老师审批,如初审通过,但终审为审批状态,系统会弹出提示,如图 8-95 所示。

审批通过的证书,如果被发现证书存在造假或者重复提交,会被管理员惩罚。如果有状态为被惩罚的证书,将回收已获得积分,并扣除诚信值。

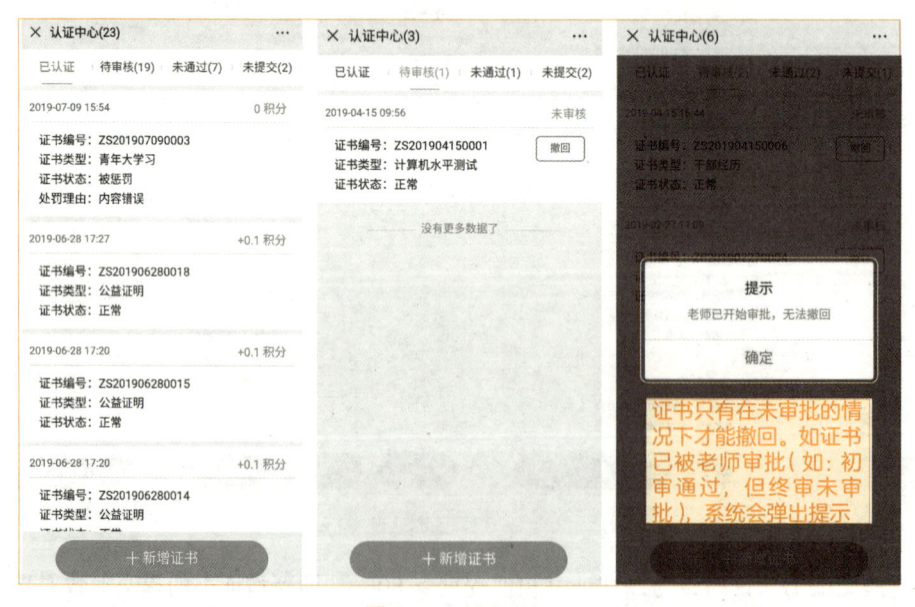

图 8-95　认证证书

学生提交证书认证,在处于待审批状态时,审批人员可进行驳回或者处罚。驳回时,状态正常，且不会被扣除诚信值。处罚时，状态被惩罚，且会被扣除诚信值。其状态可在"未通过"页面查看，如图 8-96 所示。

学生可对已保存未提交的证书进行重新编辑，重新编辑内容后，选择"提交"或"保存"。

图 8-96　证书未通过

学生如果被教师授予权限，在"我的"右上角会出现"切换身份"按钮，点击后可直接切换至所授权的教师操作页，如图 8-97 所示。

1 名学生只能接受 1 名老师的权限授权。

图 8-97　权限授权

活动督导只对老师授权的学生开放权限。有督导权限的学生可对进行中的所有活动/课程进行评价。

督导队评价时间：活动进行至活动结束。

在"活动督导"页面，填写活动/课程评价表，确认后点击"提交"按钮，即为成功，如图 8-98 所示。

点击"已评价"按钮，可查看已评价的活动/课程，为匿名制评价。

活动评价星级默认为 5 颗星，督导员根据实际情况，进行星级评价。

图 8-98 活动评价

在"建议反馈"页面中，显示建议反馈的两个状态"未回复""已回复"及具体内容，如图 8-99 所示。

图 8-99 建议反馈

点击"+新增反馈"按钮，根据要求填写相关内容，包括建议类型、标题、详情、照片。确认无误后，点击"+提交"按钮，如图8-100所示，即为提交成功。

图 8-100　新增反馈

> **知识链接**

第二课堂系统平台特色及创新点

第二课堂活动和第一课堂都是互相配合的，第二课堂的地位越来越重要。就现在而言，第二课堂活动还是在很小的范围内发展，各种信息公布得散乱、没有记载学生的参与、没有及时告知活动的时间等情况，这些都是影响第二课堂活动扩大的重要因素。由于这些原因，高校才设置了第二课堂的移动端载体和页面，想利用这个平台的多方面功能来提高效率，实现理想中的个性课堂。学校使用校企邦开发的第二课堂平台系统，通过PC端和微信端，让师生便捷体验第二课堂的管理与使用，极大地提升了师生使用的黏性和积极性。

一、系统特色

1. 优良的框架

要设置移动端和网页这两种最受学生们欢迎的平台，可以给学生介绍最前沿的活动消息。

2. 丰富的资源

设置模块，可以细致地有根据地给予学生不同种类的第二课堂活动信息。

3. 个性化的课程

所有的学生都可以利用查找工具寻找他们热衷的活动，还可以利用"学生记录"模块随时传递和记载，让学生们在第二课堂中尽可能地发扬自己独特的个性。平台也可按照同学的性格，选择合适他们的活动。

4. 有效的管理

利用"校园通告公布""邮件"等板块，发送者可以随时把有用消息传输到学生的邮箱里，省去了层层传达花费的时间，也可以直接使用平台得知各种活动的开展状况。

5. 准确地解析

尽可能地使用数据库技能，系统对学生参与各种活动的状况来做归纳划分，随时动态地跟进活动发展的全过程。

6. 使用媒介

微信要以移动网络为媒介实现其社交功能，并且人们在使用微信时需要用QQ号或者手机号来注册登录，这点就决定了微信用户的高黏度，易形成圈子性的交往。

二、系统创新点

（1）把第二课堂活动的展开、传播、指导等与网络、微信等常用媒体相联合，达到"课内课外互动，线上线下互联"的构想。

（2）利用"B—C—AS"的方式经营第二课堂，给同学们"淘活动"。"B—C—AS"方式中，B表示产品端(第二课堂活动)，确定准入审查机构，不符合准入机制的活动，要坚定地拒绝；C代表客户端(学生)，市场链条中最重要的一个环节就是用户体验的环节，C端工作的主要目的是要让同学们能够灵活便捷地使用产品，真实体验产品是否实用；AS表示反馈，管理者可利用数据解析来指引学生，并对活动做深层次提升。

（3）利用"宝库资源""课表课程""学生记载"等方法，让学生按照自己的爱好来选择第二课堂活动，打造个性化的课表，从而完成自己的学业。

拓展阅读

基于Web的高校第二课堂管理平台的实现

一、系统主界面

1. 登录

登录页面提供管理员和学生不同身份登录，通过验证后进入相应的操作界面，实现相应的操作。

2. 主界面

主页面右上角分别显示"活动"、"公告"和"学生姓名"。其中，"活动"为学院和学校所发布的活动，可以进行查询；"公告"以新闻方式展示；"学生姓名"是身份展示，在学生姓名下方为学生所获得的第二课堂学分。右侧下方为排行榜并且可分别查看学校、学院、专业和班级的

第二课堂学分排行榜。主页面左侧为学生能够参加的各种活动及"系统管理"功能，活动包括三大类，分别为"创新创业研究活动"、"社会实践活动"和"人文艺术体育活动"。

二、系统管理模块

系统管理由系统管理员完成，主要包括以下功能。

1. 学生信息导入

系统管理员可以将每年录取学生的学院、年级、专业及班级等基本信息批量导入系统中。

2. 基础信息维护

系统管理员可以对学生信息的变动情况进行更改与维护。

3. 密码更改

系统管理员可以对学生的密码进行更改和重置。

三、用户管理模块

第二课堂用户管理由学院管理员完成，包括以下功能。

（1）添加学生信息。将录取学生的信息进行添加。

（2）更改学生信息。修改学生的学院、年级、专业及班级等基本信息。

（3）查看学生信息。查询指定学生的基本信息。

四、学分管理模块

第二课堂学分管理由学生与学院管理员共同完成，包括以下功能。

1. 学分录入

学生根据要求参加并完成相应的第二课堂活动后，通过信息录入页面录入相应的活动信息，并提交相关的佐证材料，所提交的附件必须为PDF格式文件，提交完成后，等待学院管理员进行审核。

2. 学院审核

学生将第二课堂材料上传到系统中后，学院管理员依据第二课堂活动考核规章制度对学生的成绩进行审核，并给出对应的分数。

3. 查询统计

根据不同学院、专业和班级，将学生的成绩用Excel模板录入系统中，学生可以在学生端查询自己的成绩及排名情况，并且获知自己是否需要补考或者重修。需要补考或者重修课程的学生，可以在系统公告栏上获取准确的补考时间及地点，从而做好相应的准备。

4. 打印成绩

本系统提供报表打印功能，可以对学生的成绩进行打印操作。打印功能主要负责展示第二课堂教学效果，着重根据学院、专业、年级、班级等，对学生在课堂活动中的得分情况给予图表展示，从而使学生明确自身的学习情况。

五、活动管理模块

学院管理员可以通过平台发布"活动"和"新闻公告"，由学生进行查看。第二课堂活动分为"创新创业研究活动"、"社会实践活动"和"人文艺术体育活动"三大类。

"创新创业研究活动"包括大学生创新创业训练计划项目、大学生科技创新项目、校长基金项目、科研训练、科技社团、开放实验室、学科竞赛、职业规划设计比赛、创业比赛、著作、论文、专利、等级考试和职业资格证书14种活动。

"社会实践活动"包括荣誉称号、社会实践、志愿服务活动、参加学生组织内部活动和担任学生干部5种活动。

"人文艺术体育活动"包括知识拓展和文体竞赛(个人/团体)2种活动。

第九章 第二课堂管理制度——以闽江学院为例

第一节 闽江学院深化第二课堂教学制度实施办法

一、总则

第一条 根据《中共闽江学院委员会关于深入学习贯彻习近平总书记来闽来校考察重要讲话精神，加快推进高水平有特色应用型大学建设的决定》《闽江学院"十四五"发展规划和2035年远景目标纲要》等文件要求，为大力传承习近平总书记为闽江学院确定的办学理念和办学宗旨，全力建设高水平有特色的应用型大学，结合上级有关文件精神和学校发展实际情况，特制定本办法。

第二条 第二课堂是指在第一课堂教学以外，学生在教师指导下所进行的旨在加深专业基础知识，扩大知识领域，开阔视野，发展德智体美劳等方面的兴趣和才能，培养独立工作和创造能力，提高自身综合素质的课外实践活动。

第三条 第二课堂是高校"三全育人、五育并举"的重要组成部分，是全面提升应用型人才培养质量的重要载体和有效途径，同时也是落实高校综合改革的关键要求。在应用型高校本科生人才培养方案中，第二课堂与第一课堂同等重要，3个课堂互动互融、互补互促。

第四条 第二课堂活动项目化、项目课程化、课程学分化，第二课堂成绩实行学分制管理，采用积分方式计量，4个积分转换1个学分。

第五条 本办法适用于我校全日制本科生。

二、组织机构

第六条 学校成立"闽江学院深化第二课堂教育教学改革领导小组"（以下简称"领导小组"），由学校党委书记、校长任组长，分管教学工作和分管学生工作的校领导任副组长，机关职能部门和教辅单位负责人为成员。领导小组负责全校第二课堂教育教学计划的编制和跟踪落实，统筹全校教育教学资源，推进部门协同，监督全校第二课堂教育教学各个环节。领导小组下设深化第二课堂教育教学改革办公室，挂靠创新创业创造学院。办公室负责本科生第二课堂教育教学的统筹规划、指导考评和数据管理等工作。

第七条　各学院成立由学院党政负责人任组长，分管教学工作的院领导任常务副组长，分管学生工作的院领导任副组长，系主任、教研室主任、党委组织员、团委书记、教学秘书和辅导员为成员的深化第二课堂教育教学改革工作小组，负责实施学院第二课堂教育教学的具体工作，包括制定学院第二课堂教育教学计划安排，规划设置学院第二课堂课程项目，加强网络管理员队伍建设，组织开展学院第二课堂教育教学活动，初步审核"第二课堂成绩单"认定结果等。

第八条　学校建立深化第二课堂教育教学改革工作联络员制度，定期召开全校第二课堂联络员工作会议。各学院指定1名熟悉第二课堂教育教学工作、有较强责任心和团队协作精神的工作人员担任联络员。联络员实行岗位责任制，负责对接学校深化第二课堂教育教学改革办公室，及时传达学校有关制度文件要求，协助完成学校安排的有关事项，直接对本学院分管领导负责。

第九条　学校成立"闽江学院第二课堂发展中心"，挂靠创新创业创造学院。全面研究高校第二课堂教育教学理论与实践，建立健全第二课堂教育教学工作绩效评估体系，着力强化第二课堂教育教学活动质量监控，定期编辑第二课堂教育教学活动简报和发布第二课堂教育教学专题研究成果。

三、课程管理

第十条　根据本科生人才培养方案指导意见，从2021级学生开始，在培养方案中设置"第二课堂教育教学"模块，将第二课堂活动（项目）进行分层、分类梳理，构建第二课堂课程化体系，包括德育实践、创新创业教育实践、体育实践、美育实践、实践教育、劳动教育6类课程。

第十一条　本科学生在完成必修、选修和实践教学环节学分外，必须通过修读课程、参加活动（项目）和证书认证等方式获取"第二课堂教育教学"模块学分，四年制本科生专业学生至少完成7个学分、两年制专升本专业学生至少完成4个学分方能毕业，德育实践、创新创业教育实践、体育实践、美育实践、实践教育5类课程考核参照《闽江学院"第二课堂成绩单"制度实施细则》；劳动教育课程的开设，以所在学院专业为主，不少于32学时，每学年设立劳动周，可在学年内或寒暑假自主安排，以集体劳动为主，可借助学校第二课堂管理系统平台进行过程化管理，具体考核由各学院按照教务处规定要求执行。

第十二条　本科学生通过学校第二课堂管理系统平台进行申报并参加第二课堂活动（项目），课程结束后5个工作日内，所有按规定要求完成该课程的学生，将自动获得课程积分记录，后台管理系统进行实时汇总。

第十三条　课程发起人应按照《闽江学院"第二课堂成绩单"制度积分评定细则》中所对应的项目进行申请，课程审批应由课程分管部门进行，课程审批通过，即可接受学生报名，学生上课签到，下课签退完毕，参与课程评价，即视为此课程修习结束。学生可以实时查看"第二课堂成绩单"总积分。

第十四条　本科学生在第 7 学期末（两年制专升本专业学生在第 3 学期末）进行积分换学分审核，完成各类课程最低积分者可直接获取相应学分（超过者也仅申请规定学分）。全部修习情况显示在"闽江学院第二课堂成绩单"中，各类课程最终学分成绩按要求提交学校教务管理系统。

四、工作量认定与考核

第十五条　第二课堂工作量是学校对第二课堂教育教学工作的量化核算，参照学校实践课教学工作量标准（单独教学班为单位，20 学时/学分），以每个年级本科学生情况进行一次性核定划拨。合作办学单位的第二课堂工作量参照学校执行，核定具体工作量。

第十六条　第二课堂工作量与第一课堂教学工作量按照 50% 的比例进行折算互抵。

第十七条　第二课堂工作量认定范围包括第二课堂"金课"、第二课堂活动（项目）。

第十八条　第二课堂工作量实际统计以学时和"分"为统计单位。其中，第二课堂"金课"统计单位为"学时"；第二课堂活动（项目）统计单位为"分"，最终可通过折算转化为"学时"计量。

第十九条　第二课堂"金课"工作量以教学计划实施的标准学时数为基础；系列课程学生满意度达 4 分以上（满意度总分为 5 分），进入工作量核定环节。具体计分公式为 $M1=A1 \times R1$，式中：

M1：第二课堂"金课"工作量计分。

A1：计划学时为 4 次 8 学时或 8 次 16 学时。

R1：课程系数，R1=J+L。重复班课程系数，R1= K×（J+L）。

J：各类课程标准班人数及课程系数，具体如下。

标准班为 45 人，J=1，不足 45 人按 45 人计算；45＜标准班≤90 时，每增加 1 人，J 增加 0.01；标准班＞90 人时，超出 90 人的部分，每增加 1 人，J 增加 0.005。上限为 1.8。

K：重复班（同一学期内课程代码相同的同一门课程在不同虚拟班级上课）计算系数，K =0.9。

L：开设新的第二课堂"金课"，是指在全校范围内，首次对本科学生开设的课程，L=0.3。

第二十条　第二课堂活动（项目）工作量计分，以负责教师实际完成第二课堂的活动（项目）的全流程为基础，即包括活动（项目）发起、活动（项目）实施以及活动（项目）考评，参与完成 1 次第二课堂活动（项目），中级职称及以下专业人员计 2 分，副高级职称人员计 3 分，正高级职称人员计 4 分。校外人员参与第二课堂活动（项目）所产生的劳务费用由各单位自行统筹。

五、系统管理

第二十一条　闽江学院第二课堂管理系统平台是一个支持第二课堂有关数据录入、管理和查询的网络平台。该平台可以将学生第二课堂培养效果以成绩单的形式反映出来，成绩单包括学生参加第二课堂情况详细列表、综合排名和雷达图。

第二十二条　第二课堂数据录入方式包括电脑客户端、手机客户端、Excel表格数据导入3种方式，系统由学校第二课堂教育教学办公室统一维护管理。

第二十三条　第二课堂管理系统平台用户人群包括超级管理员、普通管理员、教师、学生4个级别。学生在校期间以入学所分配学号作为第二课堂唯一识别码，教师以工号作为第二课堂唯一识别码；除学生外，管理系统各级用户账号为工号或手机号码。初始密码可更改，密码丢失需向学校提交改密申请，由后台管理人员协助修改。个人账号只允许本人登陆，由个人原因造成的信息错误自行负责。

第二十四条　第二课堂管理系统平台结构分为数据管理、数据查询、数据分析3个模块。

第二十五条　本科学生毕业前由学校统一打印第二课堂成绩单进行发放，在校期间学生可随时查看并打印纸质版成绩单，凭学院开具的证明或介绍信到学校深化第二课堂教育教学改革工作办公室审核盖章后方可生效。

第二十六条　第二课堂管理系统相关知识与实操培训定于每学期开学第一个星期和每学期期末进行，学校将建立固定的第二课堂相关问题答疑群与联络网。

六、经费保障

第二十七条　学校每年安排第二课堂教育教学专项工作经费，主要用于支付第二课堂工作量津贴、第二课堂信息系统的迭代升级、第二课堂数字馆的升级改造、第二课堂试点单位建设、第二课堂活动（项目）开展、第二课堂先进工作者和先进个人表彰以及第二课堂理论与实践专题研究等。

第二十八条　学校安排劳动教育专项建设经费，按学生数划拨给学院，实行专款专用，合作办学单位参照执行。

第二十九条　学校优先保障第二课堂工作量及对应津贴，标准为50元/学时；合作办学单位第二课堂工作量及对应津贴要严格执行学校规定，每年度核定后汇至学校账户。

第三十条　第二课堂工作量及对应津贴二者不可兼得，由创新创业创造学院负责汇总后报教务处审核，每年8月底，依托第二课堂管理系统自动获取数据，进行核算、汇总并公示，公示时间不少于3个工作日。

第三十一条　第二课堂工作量及对应津贴须先扣除第二课堂"金课"工作量，剩余部分按有关计分细则核定各自教学工作量，审定后向人事处、教务处报备执行。

七、监督与检查

第三十二条　学生如在积分取得方面存有异议，应在课程结束后一周内向开课部门申诉，开课部门必须在5个工作日内予以答复。如学生对答复仍有异议，可在接到开课部门答复后在5个工作日内提请办公室复议。领导小组将组织或委托有关专家小组进行复议，并将复议结果及时通报学生。复议将在每学年第一学期进行一次。

第三十三条　学校将对第二课堂"金课"、第二课堂活动（项目）以及第二课堂教育教学各环节进行检查与评估，凡弄虚作假者，查实后将严肃处理，包括取消该项目所得分数、对有关人员进行批评和教育等。对3次以上违反规定的学生，报学生工作部（处）和教务处以作弊论处。针对违规操作项目的学生组织，经领导小组办公室查实认定，取消该组织的活动组织权，追究负责人责任，并根据学生管理相关规定给予处分；针对违规操作项目的教师，经领导小组办公室认定，取消其开课资格并通报给所在单位。

八、其他

第三十四条　学校将根据第二课堂教育教学工作效果，对成效显著的单位和个人进行表彰，成绩优秀学生和优秀工作者，按照一定比例，分别授予相应荣誉称号。

第三十五条　凡本办法中未涉及但需要纳入第二课堂教育教学改革工作的事项可由学院或部门进行认定后上报领导小组工作办公室审核、备案。

第三十六条　凡本办法自公布之日起施行，由学校深化第二课堂教育教学改革工作领导小组办公室负责解释。

第二节　闽江学院深化第二课堂教育教学积分评定细则

根据《闽江学院深化第二课堂教育教学改革实施办法》文件要求，为使闽江学院第二课堂教育教学积分的评定更具科学性和可操作性，围绕第二课堂课程化体系，包括德育实践、创新创业教育实践、体育实践、美育实践、实践教育、劳动教育6类课程，制定闽江学院第二课堂教育教学积分评定细则。

一、德育实践课程积分评定细则

第一条　德育实践课程共2个学分（8个积分），积分评定范畴主要包括学生入党、入团情况，学生参加党校、团校、储英班、青年马克思主义者培养工程培训班、班级团课等各类已入目录库的学生干部素质培训班或相关活动；校党委组织部、宣传部、学生工作部（处）、团委、马克思主义学院等部门，各学院，各级学生组织开展的德育实践类活动，以及各类学生干部履历情况。

第二条　积极向党组织（团组织）靠拢，撰写入党（入团）申请书，由学院党务秘书、团委书记综合考评合格后通过于工成绩导入可获得0.2积分。

第三条　参加省、市、学校组织的各类党团培训班，包括青马培训班、大学生骨干培训班、储英班等，每期课程结束后，考核合格者可获得2.0积分，其中，获得"优秀学员"称号的学生可获得2.6积分；参加校级学生组织、学院组织的各类党团培训班，包括青马培训班、大学生骨干培训班、入党积极分子培训班等（各种形式课程数量安排至少要达8次；各学院需提前将各类培训计划报备校第二课堂发展中心），每期课程结束后，考核合格者可获得 1.2 积分，其中，学院级"优秀学员"称号的学生可获得 1.5 积分。此条项可申请积分的党团培训班以学校和学院已入档目录为准。积分由党团培训班主办方通过手工成绩导入获得。

第四条 学生党支部书记、班级团支部书记负责主题团日活动、党日活动的整体策划，同时经辅导员授权针对组织成员开课，开课需提交活动整体策划方案，经辅导员综合考评合格者，方可开课。

第五条 参加党委组织部、党委宣传部、学工部（处）、校团委、马克思主义学院等学校职能部门，各学院、各级学生组织、思想政治类社团开展的德育实践类系列活动，参加一次可获得 0.2 积分。学生参与第二课堂在线学习平台发布的德育实践类线上课程，主办方按照 0.1 积分/课时标准通过手工成绩导入完成积分认证。

第六条 参加经申报、审查及认定后的德育实践类金课，依据 0.2 积分/次标准获取相应积分。

第七条 学生党支部、班集体、团支部、宿舍取得突出成绩受到学院以上组织表彰并授予集体荣誉称号的，按照国家级、省级、市级、校级、学院级，主要负责干部（由指导老师认定，主要干部一般不超过 10 人）分别可申请 1.4、1.2、1、0.8、0.6 积分，成员分别可申请 0.6、0.5、0.4、0.3、0.2 积分；受表彰的先进个人，按照国家级、省级、市级、校级、学院级，分别可申请 1.2、1.0、0.8、0.6、0.4 积分；参与各校级学生组织举办的评选活动，被评为先进个人的可申请 0.4 积分。此条项可申请积分的先进集体、先进个人以学校和学院已入档目录为准。积分由先进集体、先进个人评选单位通过手工成绩导入获得。

第八条 各级学生干部包括学校团委会和学生会，以及各学院团委、学生会，各学生党支部、团支部、班委会、宿舍长（楼长），以及在校团委正式注册的校内各学生社团的主要学生干部。所有学生干部须按照学校有关校纪校规的要求，组织开展积极向上的学生活动，取得显著成绩的，均可申请本细则规定的积分。相应的积分根据其在组织活动中的不同职责和活动效果获得，参照《闽江学院本科学生综合素质测评实施办法》。

社会工作划分为以下 9 级。

（1）担任校团委副书记（学生）、校学生会委员会主席，任期满一年，且综合考评合格者可申请 2.0 积分。

（2）担任校团委各职能部门部长、校学生会委员会副主席（即其他校级学生组织正职），任期满一年，且综合考评合格者可申请 1.6 积分。

（3）担任校团委各职能部门副部长、其他校级学生组织副职（副主任、副站长、副主席），学院团委副书记（学生）、学生委员会主席，任期满一年，且综合考评合格者可申请 1.4 积分。

（4）担任校级学生组织下属部门正职，学院团委各职能部门部长、学生委员会副职（即其他学院级学生组织正职）、辅导员助理，任期满一年，且综合考评合格者可申请 1.2 积分。

（5）担任校级学生组织下属部门副职，其他学院级学生组织副职（副主任、副站长、副主席），班长、团支部书记，学生党支部书记，任期满一年，且综合考评合格者可申请 1.0 积分。

（6）担任各学院学生组织下属部门正职、学生社团负责人，任期满一年，且综合考评合格者可申请0.9积分。

（7）担任各学院学生组织下属部门副职，副班长、团支部副书记，学生党支部副书记，学生社团第二负责人，任期满一年，且综合考评合格者可申请0.8积分。

（8）担任班级两委委员、学生党支部委员，学生社团下属部门正职，任期满一年，且综合考评合格者可申请0.7积分。

（9）担任校团委、校学生委员会，各学院团委、学生委员会干事，学生舍长（区长、层长、楼长），任期满一年，且综合考评合格者可申请0.6积分。聘期结束后，各级学生干部主管部门通过手工成绩导入完成积分认证。学生干部工作考评不合格者，不能申请该项积分。

二、创新创业教育实践课程积分评定细则

第一条　创新创业教育实践课程共1个学分（4个积分），旨在通过开展形式多样的创新创业活动，包括学术讲座、学科竞赛、项目研究和论文发表、专利发明等，激发学生创新创业热情。

第二条　参与纳入闽江论坛、教授大讲堂和学院品牌论坛的学术讲座，可申请0.4积分。学生参与学校、各学院、各级学生组织、学术科技类社团开展的普通学术讲座，可获得0.2积分。学生参与第二课堂在线学习平台发布的创新创业教育实践类线上课程，主办方按照0.1积分/课时标准通过手工成绩导入完成积分认证。

第三条　学生参加国家级及以上、省部级、校级、院级等学科竞赛、高水平创新创业大赛按以下等次申请积分。

（一）学科竞赛

学科竞赛认定范围参考《闽江学院创新创业竞赛及学科竞赛规划目录》。

1.参加国家级及以上学科竞赛

（1）个人项目一等奖（或第一名）获得者可申请2.0积分；集体项目一等奖（或第一名）获得者，负责人可申请2.0积分，其他参与成员可申请1.8积分。

（2）个人项目二等奖（或第二、三名）获得者可申请1.8积分；集体项目二等奖（或第二、三名）获得者，负责人可申请1.8积分，其他参与成员可申请1.6积分。

（3）个人项目三等奖（或第四至八名）获得者可申请1.6积分；集体项目三等奖（或第四至八名）获得者，负责人可申请1.6积分，其他参与成员可申请1.4积分。

（4）个人项目优秀奖获得者可申请1.4积分；集体项目优秀奖获得者，负责人可申请1.4积分，其他参与成员可申请1.2积分。

2.参加省部级学科竞赛

（1）个人项目一等奖（或第一名）获得者可申请1.6积分；集体项目一等奖（或第一名）获得者，负责人可申请1.6积分，其他参与成员可申请1.4积分。

（2）个人项目二等奖（或第二、三名）获得者可申请1.4积分；集体项目二等奖（或第二、三名）获得者，负责人可申请1.4积分，其他参与成员可申请1.2积分。

（3）个人项目三等奖（或第四至八名）获得者可申请1.2积分；集体项目三等奖（或第四至八名）获得者，负责人可申请1.2积分，其他参与成员可申请1.0积分。

（4）个人项目优秀奖获得者可申请1.0积分；集体项目优秀奖获得者，负责人可申请1.0积分，其他参与成员可申请0.8积分。

（5）参加竞赛但未获奖者，个人参加者可申请0.8积分；集体参加者，负责人可申请0.8积分，其他参与成员可申请0.6积分。

3.参加校级学科竞赛

（1）个人项目一等奖（或第一名）获得者可申请1.2积分；集体项目一等奖（或第一名）获得者，负责人可申请1.2积分，其他参与成员可申请1.0积分。

（2）个人项目二等奖（或第二、三名）获得者可申请1.0积分；集体项目二等奖（或第二、三名）获得者，负责人可申请1.0积分，其他参与成员可申请0.8积分。

（3）个人项目三等奖（或第四至八名）获得者可申请0.8积分；集体项目三等奖（或第四至八名）获得者，负责人可申请0.8积分，其他参与成员可申请0.6积分。

（4）个人项目优秀奖获得者可申请0.6积分；集体项目优秀奖获得者，负责人可申请0.6积分，其他参与成员可申请0.4积。

（5）参加竞赛但未获奖者，个人参加者可申请0.4积分；集体参加者，负责人可申请0.4积分，其他参与成员可申请0.2积分。

4.参加院级学科竞赛

（1）个人项目一等奖（或第一名）获得者可申请0.8积分；集体项目一等奖（或第一名）获得者，负责人可申请0.8积分，其他参与成员可申请0.6积分。

（2）个人项目二等奖（或第二、三名）获得者可申请0.6积分；集体项目二等奖（或第二、三名）获得者，负责人可申请0.6积分，其他参与成员可申请0.4积分。

（3）个人项目三等奖（或第四至八名）获得者可申请0.4积分；集体项目三等奖（或第四至八名）获得者，负责人可申请0.4积分，其他参与成员可申请0.3积分。

（4）个人项目优秀奖获得者可申请0.3积分；集体项目优秀奖获得者，负责人可申请0.3积分，其他参与成员可申请0.2积分。

（5）参加竞赛但未获奖者，个人参加者可申请0.2积分；集体参加者，负责人可申请0.2积分，其他参与成员可申请0.1积分。

（二）高水平创新创业大赛

高水平创新创业大赛包括学生中国"互联网+"大学生创新创业大赛、"挑战杯"大学生课外科技作品竞赛和"创青春"全国大学生创业大赛。学生参与高水平创新创业大赛可参照以下标准申请相应积分。

1.参加国家级及以上高水平创新创业大赛

（1）金奖（或一等奖及以上）获得者，负责人可申请4.0积分，其他参与成员可申请3.6积分。

（2）银奖（或二等奖）获得者，负责人可申请3.6积分，其他参与成员可申请3.2积分。

（3）铜奖（或三等奖）获得者，负责人可申请3.2积分，其他参与成员可申请2.8积分。

2.参加省部级高水平创新创业大赛

（1）金奖（或一等奖及以上）获得者，负责人可申请3.2积分，其他参与成员可申请2.8积分。

（2）银奖（或二等奖）获得者，负责人可申请2.8积分，其他参与成员可申请2.4积分。

（3）铜奖（或三等奖）获得者，负责人可申请2.4积分，其他参与成员可申请2.0积分。

（4）优秀奖获得者，负责人可申请1.8积分，其他参与成员可申请1.4积分。

（5）参加竞赛但未获奖者，负责人可申请1.2积分，其他参与成员可申请0.8积分。

3.参加校级高水平创新创业大赛

（1）金奖（或一等奖及以上）获得者，负责人可申请2.0积分，其他参与成员可申请1.6积分。

（2）银奖（或二等奖）获得者，负责人可申请1.6积分，其他参与成员可申请1.2积分。

（3）铜奖（或三等奖）获得者，负责人可申请1.2积分，其他参与成员可申请0.8积分。

（4）优秀奖获得者，负责人可申请0.8积分，其他参与成员可申请0.6积分。

（5）参加竞赛但未获奖者，负责人可申请0.6积分，其他参与成员可申请0.4积分。

4.参加学院级高水平创新创业大赛

（1）金奖（或一等奖及以上）获得者，负责人可申请1.2积分，其他参与成员可申请0.8积分。

（2）银奖（或二等奖）获得者，负责人可申请1.0积分，其他参与成员可申请0.8积分。

（3）铜奖（或三等奖）获得者，负责人可申请0.8积分，其他参与成员可申请0.6积分。

（4）优秀奖获得者，负责人可申请0.6积分，其他参与成员可申请0.4积分。

（5）参加竞赛但未获奖者，负责人可申请0.4积分，其他参与成员可申请0.2积分。

第四条　国家级及以上、省部级学科竞赛、高水平创新创业大赛的积分由学生自主上传获奖证书完成认证；校级、院级等学科竞赛高水平创新创业大赛的积分由主办方通过手工成绩导入完成认证。学生参加除高水平创新创业大赛之外的各类创新创业大赛、就业类竞赛，参照学科竞赛标准申请相应积分。

第五条　学生参与项目研究的课题，包括校长基金、大学生创新创业训练计划项目和教师科研项目（学生必须为科研团队成员）等，凡能够按时按规定完成项目研究、顺利结题的项目，可通过上传结题证书，按照项目级别及参与角色申请相应积分。其中国家级项目负责人及项目其他参与成员可分别申请1.8和1.4积分；省部级项目负责人及项目其他参与成员可分别申请

1.6 和 1.2 积分；校级项目负责人及项目其他参与成员可分别申请 1.2、0.8 积分。

第六条 论文发表所指论文是在学期间在公开发行刊物上正式发表的学术论文。学生根据权威期刊、核心期刊、普通学术期刊、普通学术会议论文集的不同级别，以及参与角色，通过上传相关证明材料申请相应积分。其中，权威期刊的唯一作者，第一作者以及第二、三作者可分别申请 4.0、3.6、3.2 积分；核心期刊的唯一作者，第一作者以及第二、三作者可分别申请 3.2、2.8、2.4 积分；普通学术期刊的唯一作者，第一作者以及第二、三作者可分别申请 1.2、0.8、0.4 积分；普通学术会议论文集的唯一作者，第一作者以及第二、三作者可分别申请 1.2、0.8、0.4 积分。专利发明主要包括：发明专利第一作者以及第二、三作者可分别申请 2.4、2.0、1.6 积分，实用新型、外观设计专利、软件著作权专利第一作者以及第二、三作者可分别申请 1.2、1.0、0.8 积分。期刊认定标准参见《闽江学院权威期刊与核心期刊认定原则（修订）》。

第七条 同一负责人的多项科研项目结项，可累计加分；同一作者的多篇不同论文发表可累计加分；同一作品既参与项目研究且发表论文，可累计加分；同一项目参加不同级别的项目研究，不累计加分，以最高分计。

第八条 学生本人注册企业并担任企业法人，可上传营业执照申请 2.0 积分。

第九条 学生考取各类专业技术资格证书，按以下标准通过上传相关证明材料申请相应积分。

（1）考取专业技术资格证书（以学校已入档目录为准），可申请获得 0.6 积分，同一类证书不同等级的可累计加分。

（2）考取英语专业八级证书可申请 1.2 积分，英语专业四级证书可申请 1.0 积分；四、六级证书（425 分及以上）可分别申请 0.8 积分、1.0 积分；网络化托福考试（TOEFL-IBT）（听说读写）55 分及以上可申请 1.0 积分；雅思测验（IELTS）4 分及以上可申请 1.0 积分；剑桥商务英语证书（BEC），按初级、中级、高级标准可分别申请获得 0.6 积分、0.8 积分、1.0 积分；全国翻译专业资格（水平）考试 CATTI，按三级、二级可分别申请获得 0.8 积分、1.0 积分；日语 N1、N2、N3 证书可分别申请 1.2 积分、1.0 积分和 0.8 积分；计算机一、二、三级证书可分别申请 0.6 积分、0.8 积分及 1.0 积分；普通话水平测试等级证书（二级乙等及以上）可申请 0.6 积分；机动车驾驶证（A1-C1）可申请 0.6 积分。

第十条 艺术类学生作品发布会及汇报演出，学院主管部门考评合格后，按以下标准通过手工成绩统一导入申请相应积分。

（1）主办个人专场音乐会，可申请 4.0 积分。

（2）主办个人专题画展，可申请 4.0 积分。

（3）主办个人作品发布会，可申请 4.0 积分。

（4）主办 2 人专场音乐会，可申请 2.0 积分。

（5）主办 2 人专题画展，可申请 2.0 积分。

（6）主办 2 人作品发布会，可申请 2.0 积分。

第十一条 学生参加经申报、审查及认定后的"创新创业教育实践类"金课、"社团活动课程化"课程（创新创业类），依据 0.2 积分/次标准获取相应积分。

第十二条　本细则所涉及的科研项目与学术期刊的性质及等级均须在科研处或创新创业创造学院指导下，学生准备好相关证明材料，在规定时间内提交申请。

三、体育实践课程积分评定细则

第一条　体育实践课程共1个学分（4个积分）；学生参与学校、各学院、各级学生组织和文化体育类社团组织开展的体育实践活动，可申请获得本细则所规定的积分。

第二条　积极参与学校核准后的体育锻炼类活动，参加一次活动，可获得0.2积分；积极参与学校核准后的体育竞技类活动，参加一次活动，可获得0.2积分。学生参与第二课堂在线学习平台发布的体育实践类线上课程，主办方按照0.1积分/课时标准通过手工成绩导入完成积分认证。

第三条　学生参加国家级及以上、省部级、校级、院级等体育竞赛按以下等次申请积分。其中，国家级及以上竞赛（A类）指的是国家部委举办的体育竞赛；国家级及以上竞赛（B类）指的是国家级学会、团体，或国际知名学会、团体举办的体育竞赛；省级竞赛（A类）指的是省级政府及其所属的厅局等主管部门举办的体育竞赛；省级竞赛（B类）指的是省级学会、协会、团体，或国家级学会的分会组织的体育竞赛；市级竞赛（A类）指的是市政府及其所属的主管部门举办的体育竞赛；市级竞赛（B类）指的是市级学会、协会、团体组织的体育竞赛；校级竞赛（A类）指的是校机关职能部门、公共体育教育部举办的体育竞赛；校级竞赛（B类）指的是校级学生组织举办的体育竞赛。国家级及以上、省部级体育竞赛由学生自主上传获奖证书完成认证；校级、院级体育竞赛的积分由主办方通过手工成绩导入完成认证。学生参与个人项目和集体项目积分表见表9-1、表9-2。

表9-1　学生参与个人体育竞赛项目积分表

名次	获奖等级	国家级及以上竞赛（A类）	国家级及以上竞赛（B类）	省级竞赛（A类）	省级竞赛（B类）	市级竞赛（A类）	市级竞赛（B类）	校级竞赛（A类）	校级竞赛（B类）	院级竞赛
1	一	2.0	1.8	1.8	1.6	1.6	1.2	1.2	1.0	0.6
2-4	二	1.8	1.6	1.6	1.4	1.4	1.0	1.0	0.8	0.6
5-8	三	1.6	1.4	1.4	1.2	1.2	0.8	0.8	0.6	0.4
鼓励奖		1.4	1.2	1.2	0.8	0.8	0.6	0.6	0.4	0.2
参赛但未获奖								0.2	0.2	0.2

表9-2　学生参与集体体育竞赛项目积分表

名次	获奖等级	国家级及以上竞赛（A类）	国家级及以上竞赛（B类）	省级竞赛（A类）	省级竞赛（B类）	市级竞赛（A类）	市级竞赛（B类）	校级竞赛（A类）	校级竞赛（B类）	院级竞赛
1	一	1.8	1.6	1.6	1.4	1.2	1.0	0.8	0.6	0.6
2-4	二	1.6	1.4	1.4	1.2	1.0	0.8	0.6	0.4	0.4
5-8	三	1.4	1.2	1.2	1.0	0.8	0.6	0.4	0.2	0.2
鼓励奖		1.2	1.0	1.0	0.8	0.6	0.4	0.4	0.2	0.2
参赛但未获奖								0.2	0.2	0.2

第四条 参加经申报、审查及认定后的体育实践类金课、社团活动课程化课程（体育实践类），依据 0.2 积分/次标准获取相应积分。

第五条 积极参加各类大型体育类活动（集体），市校级成员可申请 1.0 积分；省部级成员可申请 1.4 积分，国家级成员可申请 2.0 积分；普通观众不给予积分认定。由主办方通过手工成绩导入完成认证。

四、美育实践课程积分评定细则

第一条 美育实践课程共 1 个学分（4 个积分）；学生参与学校、各学院、各级学生组织和文化体育类社团组织开展的美育实践活动，可申请获得本细则所规定的积分。

第二条 积极参与学校核准后的校园文化艺术类活动，参加一次活动，可获得 0.2 积分；积极参与学校核准后的心理健康类活动，参加一次活动，可获得 0.2 积分。学生参与第二课堂在线学习平台发布的美育实践类线上课程，主办方按照 0.1 积分/课时标准通过手工成绩导入完成积分认证。

第三条 学生参加国家级及以上、省部级、校级、院级等美育类竞赛按以下等次申请积分。其中，国家级及以上竞赛（A类）指的是国家部委举办的美育类竞赛；国家级及以上竞赛（B类）指的是国家级学会、团体，或国际知名学会、团体举办的美育类竞赛；省级竞赛（A类）指的是省级政府及其所属的厅局等主管部门举办的美育类竞赛；省级竞赛（B类）指的是省级学会、协会、团体，或国家级学会的分会组织的美育类竞赛；市级竞赛（A类）指的是市政府及其所属的主管部门举办的美育类竞赛；市级竞赛（B类）指的是市级学会、协会、团体组织的美育类竞赛；校级竞赛（A类）指的是校机关职能部门举办的美育类竞赛；校级竞赛（B类）指的是校级学生组织举办的美育类竞赛。国家级及以上、省部级美育类竞赛由学生自主上传获奖证书完成认证；校级、院级美育类竞赛的积分由主办方通过手工成绩导入完成认证。学生参与个人项目和集体项目积分表见表 9-3、表 9-4。

表 9-3　学生参与个人美育类竞赛项目积分表

名次	获奖等级	国家级及以上竞赛（A类）	国家级及以上竞赛（B类）	省级竞赛（A类）	省级竞赛（B类）	市级竞赛（A类）	市级竞赛（B类）	校级竞赛（A类）	校级竞赛（B类）	院级竞赛
1	一	2.0	1.8	1.8	1.6	1.6	1.2	1.2	1.0	0.6
2–4	二	1.8	1.6	1.6	1.4	1.4	1.0	1.0	0.8	0.6
5–8	三	1.6	1.4	1.4	1.2	1.2	0.8	0.8	0.6	0.4
鼓励奖		1.4	1.2	1.2	0.8	0.8	0.6	0.6	0.4	0.2
参赛但未获奖								0.2	0.2	0.2

表 9-4　学生参与集体美育类竞赛项目积分表

名次	获奖等级	国家级及以上竞赛（A类）	国家级及以上竞赛（B类）	省级竞赛（A类）	省级竞赛（B类）	市级竞赛（A类）	市级竞赛（B类）	校级竞赛（A类）	校级竞赛（B类）	院级竞赛
1	一	1.8	1.6	1.6	1.4	1.2	1.0	0.8	0.6	0.6
2–4	二	1.6	1.4	1.4	1.2	1.0	0.8	0.6	0.4	0.4
5–8	三	1.4	1.2	1.2	1.0	0.8	0.6	0.4	0.2	0.2
鼓励奖		1.2	1.0	1.0	0.8	0.6	0.4	0.4	0.2	0.2
参赛但未获奖								0.2	0.2	0.2

第四条　参加经申报、审查及认定后的美育实践类金课、社团活动课程化课程（美育实践类），依据 0.2 积分/次标准获取相应积分。

第五条　积极参加各类大型文艺活动（集体），市校级成员可申请 1.0 积分；省部级成员可申请 1.4 积分；国家级成员可申请 2.0 积分；普通观众不给予积分认定。由主办方通过手工成绩导入完成认证。

五、实践教育课程积分评定细则

第一条　实践教育课程共 1 个学分（4 个积分），涵盖寒暑期大学生社会实践活动、专业实践活动等。

第二条　参与学校统一组织的暑期、寒假社会实践活动，在实践活动结束后（开学初）的一个月内，各学院团委针对综合考评合格者，按照校级团队、院级团队、自主参与三个等级，通过手工成绩导入分别给予 1.5、1 和 0.5 积分认证。

第三条　参与第二课堂在线学习平台发布的实践教育类线上课程，主办方按照 0.1 积分/课时标准通过手工成绩导入完成积分认证；参与社会实践前导课程，参加一次活动，可获得 0.2 积分。

第四条　参加经申报、审查及认定后的实践教育类金课，依据 0.2 积分/次标准获取相应积分。

第五条　在本科生实验室"三助"岗位工作满一学年，且综合考评合格者可申请 1.5 积分，由主管单位通过手工成绩统一导入完成申请。

第六条　参与学校组织的企业参观活动，依据 0.5 积分/次标准获取相应积分，由主管单位通过手工成绩统一导入完成申请。

第七条　参与实验室安全准入考试，考核合格可申请 0.5 积分，由主管单位通过手工成绩统一导入完成申请。

六、附录

第一条　创新创业创造学院采取"一学年一清理"的原则对积分进行认证，超出时限的项目将不给予认定。

第二条　两年制专升本学生至少完成 3 个学分方能毕业，其中德育实践、创新创业教育实践、体育实践、美育实践、实践教育分别为 1、0.5、0.5、0.5、0.5 学分。

第三条　劳动教育课程共 1 学分（4 周/32 学时），涵盖课堂劳动教育、日常生活劳动、专业生产劳动及公益志愿劳动等内容，其由校教务处统筹，并通过第二课堂成绩单系统完成子课程开设及管理。

第四条　在第二课堂活动参与中，可按照角色差异给予不同积分认定，其中，管理者、负责人可按照 1.5 倍积分、2 倍积分给予认定。

第五条　参军退伍学生上交"退役证"等相关证明材料，可免修德育实践、体育实践、实践教育课程。

第六条　本细则的最终解释权归属创新创业创造学院。

第三节　闽江学院第二课堂运行绩效考核办法

一、总则

第一条　根据《中共闽江学院委员会关于深入学习贯彻习近平总书记来闽来校考察重要讲话精神，加快推进高水平有特色应用型大学建设的决定》《闽江学院"十四五"发展规划和 2035 年远景目标纲要》等文件要求，为大力传承习近平总书记为闽江学院确定的办学理念和办学宗旨，进一步提升学校第二课堂管理和服务水平，现结合上级有关文件精神和学校第二课堂运行实际情况，特制定本办法。

第二条　二级学院第二课堂运行绩效考核工作由校深化第二课堂教育教学改革领导小组统筹，创新创业创造学院负责实施。

二、考评内容与方式

第三条　二级学院第二课堂运行绩效考核依据《闽江学院二级学院第二课堂运行绩效考核评价指标》开展，指标体系共设置 5 项一级指标、11 项二级指标。详见表 9-5。

表 9-5　闽江学院二级学院第二课堂运行绩效考核评价指标

一级指标	二级指标	指标说明
参与度	学生签到率	学院全体学生参与活动的签到签退总次数/学院全体学生参与活动的总报名数
	第二课堂平均成绩（包括证书和活动）	学院学生获得第二课堂学分总数/学院学生总人数
	学生人均证书拥有率	学院学生通过审批且未被惩罚的证书总数/学院学生总人数

续表

一级指标	二级指标	指标说明
参与度	教师人均开课数	学院老师发布成功的活动总数/学院老师总人数
参与度	教师微信绑定率	学院绑定微信的老师总人数/学院老师总人数
协同度	申课退回率	学院老师所有发布活动被退回次数/学院老师总发布活动数(反向指标)
协同度	申课审核平均时长	学院老师所有发布活动等待学院审核的总时长/学院老师发布活动被审核的总次数(反向指标)
满意度	开课好评率	学院老师发布活动的五星好评总数/学院老师发布活动的星级评价总数
贡献度	非本学院学生积分获得率	所有非本学院参与本学院老师所发布活动拿到学分的学生总数/所有非本学院参与本学院老师所发布活动的学生总人数
实效度	学院学生成绩优良率	学院第二课堂总得分排名在学校总学生人数前25%的人数/学校总学生人数的25%
实效度	学院预警合格率	学院第二课堂总得分超过预警总分的学生人数/该学院总学生人数

第四条 考评主要采取系统自动提取、现场活动考察等方式进行。考评注重过程性、差异化考核。综合成绩结合采集数据源的特征确定的"指标弹性权重",由"第二课堂管理系统"自动计算得到。

三、组织实施与考评结果应用

第五条 创新创业创造学院实施月考核制度,每月月底公布考核结果(EAP指数)。

第六条 学年末进行月考核结果汇总,结合年度述职汇报,评选第二课堂工作示范单位奖,并将考核结果融入学校教学工作评估体系。

第七条 年度考评中出现下列情况之一,进入负面清单的,实行一票否决:
(1)出现严重违反学校第二课堂有关规定的行为。
(2)组织开展的第二课堂活动出现安全稳定重大隐患未能及时发现,造成严重后果。
(3)在评估中弄虚作假。
(4)学校认定的其他严重问题。

四、附则

第八条 办法由校深化第二课堂教育教学改革领导小组制定。
第九条 本办法一切解释权和最终修改权归校深化第二课堂教育教学改革领导小组所有。

第四节　第二课堂教育教学培养计划
——以电子商务本科专业为例

一、培养目标

本培养计划旨在激发学生参与第二课堂活动的自觉性、积极性，并通过客观记录、有效认证、科学评价学生参与第二课堂活动的经历和成果，促进"第二课堂成绩单"成为学校人才培养评估、学生综合素质评价、社会单位选人用人的重要依据，为提升高等教育质量、深化高校教学改革、创新人才培养模式发挥重要作用。

二、培养方向

（一）培养具备良好电子商务专业素养的高级管理人才

发挥电子商务专业优势与特色，以"领导力训练营"和"教授大讲坛"等学术活动为依托，以"酒店职业经理人素养教育"与"各类专业实践教育"为载体，注重实践教学和学术文化活动，提升学生国际化思维能力、创新思考能力和专业实践经验，并充分发挥学生的主观能动性，强调理论联系实际，在先进管理理念和良好领袖气质等管理领域发挥重要作用。

（二）培养全面协调可持续发展的高水平人才

依托各项实践实习、志愿公益活动、创新创业、技能特长培训，培养学生在日常学习与生活中发现问题、分析问题和解决问题的能力，提高学生人际交往能力和适应社会的能力，培养将动手实践、组织管理、开拓创新等能力集于一身的高水平多元化人才。通过组织活动、志愿服务等不同形式的历练，为学生综合能力培养提供锻炼机会，为学生步入社会、适应社会奠定坚实的基础。

三、第二课堂教育教学安排表（7学分）

（一）第二课堂教育教学安排表（见表9-6）

表9-6　第二课堂教育教学安排表

课程代码	课程名称	学分	积分	修读性质	开设学期	开课单位	考核要求
51600021	德育实践 Moral Education Practice	2	8	必修	8	三创学院	参照《闽江学院"第二课堂成绩单"制度实施细则（2021年）》
51600031	创新创业教育实践 Innovation and Entrepreneurship Education Practice	1	4	必修	8		

续表

课程代码	课程名称	学分	积分	修读性质	开设学期	开课单位	考核要求
51600041	体育实践 Practice In Sports	1	4	必修	8	三创学院	参照《闽江学院"第二课堂成绩单"制度实施细则（2021年）》
51600051	美育实践 Aesthetic Education Practice	1	4	必修	8		
51600061	实践教育 Practice Education	1	4	必修	8		
—	劳动教育 Labor Education	1	—	必修	7	各学院	—
合计		7					

说明：第二课堂教育教学安排包括学生德育实践、创新创业教育实践、体育实践、美育实践、实践教育、劳动教育6门课程7个学分。其中，德育实践、创新创业教育实践、体育实践、美育实践、实践教育5门课程6个学分参照"第二课堂成绩单"制度实施细则，采用积分换学分，4个积分兑换1个学分。劳动教育课程的开设，以所在学院专业为主，不少于32学时；每学年设立劳动周，可在学年内或寒暑假自主安排，以集体劳动为主。

（二）第二课堂教育教学活动计划表

（1）德育实践教育教学活动计划见表9-7。

表9-7 德育实践教育教学活动计划表

课程名称	活动分类	活动内容	积分	活动数 总计	讲授	实践(验)	第一学年 1	第一学年 2	第二学年 3	第二学年 4	第三学年 5	第三学年 6	第四学年 7	第四学年 8	单次活动规模	负责单位
德育实践	文明养成	新生成长对话课*	1.6	8	6	2	8	—	—	—	—	—	—	—	300	学院团委、电子商务专业教研室
	思想素质提升	专业课程思政导论	0.4	2	2	0	1	—	1	—	—	—	—	—	50	电子商务专业教研室
		习近平总书记"3.25"来校讲话精神学习	0.4	2	2	0	2	—	—	—	—	—	—	—	300	学院党委、团委
		习近平新时代中国特色社会主义思想学习	0.8	4	4	0	1	—	1	—	1	—	1	—	100	学院党委、团委
		三全育人培养工程	0.8	4	4	0	1	—	1	—	1	—	1	—	100	学院党委
	学生干部能力培养	青年马克思主义培训工程（磐石计划）	0.6	3	3	0	1	—	1	—	1	—	—	—	100	学院团委
		励志青云班（砺石计划）	0.4	2	2	0	1	—	1	—	—	—	—	—	100	学院团委
		班团干部领导力培训班（基石计划）	0.8	4	0	4	1	—	1	—	1	—	1	—	50	学院团委
	党团教育	主题团日系列活动*	4.8	24	12	12	3	3	3	3	3	3	3	3	50	学院团委
		十佳团日评选活动	0.6	3	3	0	—	—	1	—	1	—	1	—	100	学院团委
		习近平总书记关于青年的重要论述	1	4	4	0	1	—	1	—	1	—	1	—	300	学院团委
		党团教育主题系列讲座	1.6	8	8	0	1	1	1	1	1	1	1	1	100	学院党委

149

（2）创新创业教育实践教育教学活动计划见表9-8。

表9-8　创新创业教育实践教育教学活动计划表

课程名称	活动分类	活动内容	积分	总计	讲授	实践（验）	1	2	3	4	5	6	7	8	单次活动规模	负责单位
创新创业教育实践	教授大讲坛	教授大讲坛系列活动	3.2	8	8	0	1	1	1	1	2	1	1	-	100	电子商务专业教研室
	教授大讲坛	闽江论坛系列活动	3.2	8	8	0	1	1	1	1	2	1	1	-	100	电子商务专业教研室
	学院品牌论坛	经管大讲坛系列讲座	1.6	8	8	0	1	1	1	1	2	1	1	-	100	电子商务专业教研室
	学科竞赛培训	中国大学生人力资源职业技能大赛培训	0.6	3	0	3	-	1	1	1	-	-	-	-	20	电子商务专业教研室
		学校大学生电子商务"创新、创意及创业"挑战赛辅导培训班	1.6	8	8	0	1	1	1	1	1	1	1	1	100	电子商务专业教研室
		教育部1+X电子商务类认证培训	1.8	9	0	9	3	3	3	-	-	-	-	-	60	电子商务专业教研室
		电子商务类专业比赛	0.8	4	0	4	1	-	1	-	1	-	1	-	100	电子商务专业教研室
		GMC国际企业管理挑战赛	0.8	4	0	4	-	1	-	1	-	1	-	1	60	电子商务专业教研室
		电子商务类专业技能培训	1.4	7	0	7	1	1	1	1	1	1	1	-	60	电子商务专业教研室
	创新创业竞赛培训	"互联网+""挑战杯""创青春""三创赛"大赛系列活动	3.0	8	4	4	1	1	1	1	1	1	1	1	100	学院团委、电子商务专业教研室
	学术讲座	专业系列学术讲座	1.6	8	8	0	1	1	1	1	1	1	1	1	100	电子商务专业教研室
	就业创业培训	青年创业讲坛系列活动	2.0	10	8	2	1	2	2	2	2	1	-	-	20	学院团委、电子商务专业教研室
		就业指导系列活动	2.0	10	8	2	2	1	1	2	2	1	-	-	100	学院团委、电子商务专业教研室

（3）体育实践教育教学活动计划见表9-9。

表9-9　体育实践教育教学活动计划表

课程名称	活动分类	活动内容	积分	总计	讲授	实践（验）	1	2	3	4	5	6	7	8	单次活动规模	负责单位
体育实践	体育竞技类	学院学生田径运动会开幕式	0.8	4	0	4	1	-	1	-	1	-	1	-	200	学院团委
		学院篮球赛	0.8	4	0	4	1	-	1	-	1	-	1	-	50	学院团委
		学院羽毛球赛	0.8	4	0	4	1	-	1	-	1	-	1	-	50	学院团委
		学院气排球赛	0.8	4	0	4	1	-	1	-	1	-	1	-	50	学院团委
		学院五人制足球赛	0.8	4	0	4	1	-	1	-	1	-	1	-	50	学院团委
		学院啦啦操比赛	0.8	4	0	4	1	-	1	-	1	-	1	-	50	学院团委
		学院乒乓球赛	0.8	4	0	4	1	-	1	-	1	-	1	-	50	学院团委
	体育锻炼类	每日晨跑打卡活动*	48	240	0	240	30	30	30	30	30	30	30	30	100	学院团委
		"经管有young"荧光夜跑	48	240	0	240	30	30	30	30	30	30	30	30	300	学院团委
		学院羽毛球训练营	0.6	3	0	3	-	1	-	1	-	1	-	-	24	学院团委

（4）美育实践教育教学活动计划见表 9-10。

表 9-10　美育实践教育教学活动计划表

课程名称	活动分类	活动内容	积分	活动数 总计	活动数 讲授	活动数 实践(验)	第一学年 1	第一学年 2	第二学年 3	第二学年 4	第三学年 5	第三学年 6	第四学年 7	第四学年 8	单次活动规模	负责单位
美育实践	心理健康类	新生心理健康快车活动*	0.8	4	2	2	4	–	–	–	–	–	–	–	50	学院团委
美育实践	文化艺术类	学院十佳歌手大赛	0.8	4	2	2	1	–	1	–	1	–	1	–	500	学院团委
美育实践	文化艺术类	学院迎新晚会	0.8	4	0	4	1	–	1	–	1	–	1	–	500	学院团委
美育实践	文化艺术类	学院毕业生晚会	0.8	4	0	4	–	1	–	1	–	1	–	1	500	学院团委
美育实践	文化艺术类	学院舞蹈大赛	0.8	4	2	2	1	–	1	–	1	–	1	–	500	学院团委
美育实践	文化艺术类	茶艺鉴赏教育	0.6	4	3	1	1	–	1	–	1	–	1	–	100	–
美育实践	文化艺术类	班班风采大赛	0.8	1	0	1	1	–	–	–	–	–	–	–	500	–
美育实践	文化艺术类	风采经管摄影大赛	0.4	1	0	1	1	–	–	–	–	–	–	–	300	–
美育实践	文化艺术类	海报设计大赛	0.4	1	0	1	1	–	–	–	–	–	–	–	300	–
美育实践	文化艺术类	经管美育课堂系列讲座	1.6	8	8	0	1	1	1	1	1	1	1	1	100	学院团委
美育实践	文化艺术类	酒店礼仪服务风采大赛	0.6	3	0	3	–	1	–	1	–	1	–	–	20	电子商务专业教研室

（5）实践教育教育教学活动计划见表 9-11。

表 9-11　实践教育教育教学活动计划表

课程名称	活动分类	活动内容	积分	活动数 总计	活动数 讲授	活动数 实践(验)	第一学年 1	第一学年 2	第二学年 3	第二学年 4	第三学年 5	第三学年 6	第四学年 7	第四学年 8	单次活动规模	负责单位
实践教育	专业实践	电子商务专业企业参访系列活动	1.4	7	0	7	1	1	1	1	1	1	1	–	100	学院团委、电子商务专业教研室
实践教育	专业实践	企业创业、项目辅导	1.4	7	0	7	1	1	1	1	1	1	1	–	100	电子商务专业教研室
实践教育	社会实践培训	暑假社会实践活动*	1.5	3	0	3	0	1	0	1	0	1	0	0	280	学院志愿者服务中心
实践教育	社会实践培训	寒假社会实践活动*	2	4	0	4	1	0	1	0	1	0	1	0	280	学院志愿者服务中心
实践教育	社会实践培训	暑期社会实践前导系列课*	2.4	12	8	4	–	4	–	4	–	4	–	–	200	学院团委
实践教育	社会实践培训	寒假社会实践前导系列课*	2.4	12	8	4	4	–	4	–	4	–	–	–	200	学院团委

说明：以上表格所列均为学院级别项目，不考虑校级项目；所有标*项目为必选项目；学生获得的成长积分不设上限；负责单位包括学院党委、学院团委和各专业教研室。

第十章 第二课堂工作案例

第一节 第二课堂"金课"

在质量高、好评多的第二课堂课程基础上打造一批"金课",以促进第二课堂教育教学的改革,同时推动其他相关课程的整体化建设。

一、指导思想

坚持以习近平新时代中国特色社会主义思想为指导,全面贯彻落实党的二十大精神,全面贯彻党的教育方针,坚持社会主义办学方向,落实立德树人根本任务,切实遵循人才培养规律和高等教育发展规律,以服务人才培养体系建设、提升人才培养质量为核心,强化把第二课堂作为人才培养的重要组成部分,深入挖掘第二课堂育人价值,不断探索第二课堂育人体系,系统提升第二课堂育人实效,逐步健全完善一、二课堂深度融合、相辅相成的人才培养模式,努力培养德智体美劳全面发展的社会主义建设者和接班人。

二、建设标准

"金课"建设要坚持以学生发展为中心,围绕"三性两力"标准进行建设,即"思想性、规范性、创新性、塑造力、吸引力"。

(1)思想性,即将思想政治引领和价值引领贯穿于第二课堂项目(活动)的目标设置、组织实施和效果评价中。

(2)规范性,即充分借鉴第一课堂教学模式,对第二课堂项目(活动)进行课程化设计,制定教学大纲和教学内容,配备师资力量,规范教学过程,完善考核方式。

(3)创新性,即结合第二课堂特点,有效创新内容选择、组织方式、考核评价等,促进学生多样化与个性化发展。

(4)塑造力,即关注学生学习的收获和满意度,注重对学生能力发展的增值评价。

(5)吸引力,即有效激发学生的参与热情和能动性。

三、建设内容

（1）明确课程教学目标，优化课程教学内容，完善教学大纲、教案（教学设计）、讲稿（课件）等教学文档，充分体现知识传授与价值引领，将理论学习与实践锻炼相结合。

（2）积极推动教学方法改革，开展互动式、启发式、探究式等方式教学，培养学生主动学习、深入思考、准确表达的能力及批判性思维、创新性思维和解决复杂问题的能力。

（3）严格第二课堂教学管理，立项建设的课程负责人可借助"第二课堂管理系统平台"完成课程发布、课程招生等任务。

（4）突出过程考核，采用多样化的作业设计体系和课程考核方式，加大学生学习过程考核，培养学生发现问题、分析问题、解决问题的能力和创新、创业、创造的能力。

（5）开展课程建设情况调研工作，结合各专业学生反馈意见，及时调整课程建设方案、教学内容和教学方法手段等。

（6）"金课"建设的"五个一"：一份新修订的课程教学大纲；一套课件（PPT）和教案；一个典型案例；一套体现改革成效的视频或精彩照片；一篇本课程开设情况总结。

（7）总结课程建设经验，发挥示范引领作用，推动学校第二课堂"金课"建设。

四、申报要求

（一）申报条件

（1）重点遴选范围：德育实践、创新创业教育实践、体育实践、美育实践、实践教育类课程，已列入社团课程化的直接申请认定。

（2）"金课"建设以主讲教师个人申报为主，也可以团队（人数不超过4人）进行申报。申请人（团队负责人）原则上应具有中级及以上职称，并且教学经验丰富、具有感染力。

（3）教学文件（包括申请人介绍、课程介绍、教学大纲、演示文稿讲稿、教案、考核方式等）齐全。

（4）计划标准学时：4次8学时或8次16学时。

（二）申报立项程序

1. 申报数量

围绕"一专业一竞赛""一课程一实践"，每个专业至少申报1门，同一位教师原则上只能申报主持1门课程建设。

2. 课程立项申报

教师个人或课程团队自愿申请，填写相应的"金课"建设申报书交给所在学院。

3. 学院评审

各学院根据"金课"建设相关要求进行审核。根据人才培养目标与学科专业建设要求，确定重点建设的"金课"立项名单，填写《闽江学院第二课堂"金课"立项建设课程汇总表》。

4.学校验收

学校根据各学院确定的"金课"立项名单，经过一轮（完整上过一次）的建设期，组织专家对立项课程进行认定，通过认定的课程授予"闽江学院第二课堂金课"称号。

五、评价与激励机制

1.评价机制

在课程建设过程中，重点关注课程内容与资源、课程教学设计、学习支持与学习效果、建设措施及效果，实现"金课"的建设目标；把"金课"的评价落实到具体观测点上，形成可量化、可检测、可评价的"硬杠杠"和"硬指标"。

2.激励机制

建设周期结束后，若"金课"建设内容符合第二课堂"金课"建设标准，则认定第二课堂教学工作量，并授予"闽江学院第二课堂金课"称号。

第二节 第二课堂"金课"工作案例
——"税务精英训练营"典型案例

"税务精英训练营"课程以 2021 年全国本科院校纳税风险管控案例大赛的比赛内容为基础开设，通过本课程的学习，指导学生组队参加由中国注册税务师协会主办、福建省注册税务师协会承办的全国本科院校纳税风险管控案例大赛，最终使学生具备税务精英人才所必需的包括税务案例分析，税收风险防控、筹划案例分析及税务管理案例分析的能力，掌握描述理论知识、灵活运用知识进行税收风险分析的能力，为今后在工作中的实务操作打好基础，同时培养学生的学习方法及团队协作能力。

赛前，"税务精英训练营"课程从税务精英概述，企业税务风险案例，中国注册会计师、税务师证书培训及全国纳税风险防控案例大赛 4 个章节对学生的理论知识与实践技能进行了全方位的训练，最终选拔出优秀的学员参加 2021 年全国本科院校纳税风险管控案例大赛。

一、赛前选拔——税法知识竞赛

在学生经过一系列课程学习和训练，掌握了一定的税收相关理论知识和实践技能之后，课程团队联合闽江学院经济协会以"税法知识竞赛"的形式选拔出参加大赛的学员。由经济协会举办的税法专业知识竞赛在闽江学院务成楼举行，竞赛共分为 3 个考场，课程负责人出席并参加监考。

此次竞赛面向闽江学院全体在校大学生，除"税务精英训练营"的学员外，各学院的同学们都可以报名参加。通过本次竞赛，不仅可以选拔出参加全国本科院校纳税风险管控案例大赛的优秀学员，还可以提高同学们的纳税意识，培养学生"遵纪守法，诚信纳税"的观念。

本次竞赛分为单选题和多选题，涉及税法专业知识、经济专业知识等多方面的内容，使同学们深度了解税法、学习税法，将税法运用到生活当中，为浓郁校园学术氛围提供一个更广阔的空间，也为学校的学风建设以及税法知识文明建设做出一定的贡献。

二、赛前训练

为提高参赛的获奖率，激发同学们的积极性，校内指导老师联合校外指导老师对参赛队伍进行详细的指导，进行案例交流讨论、理论知识巩固等一系列赛前训练，为本次比赛做好充分的准备。

三、参加比赛

经过校内选拔赛，分别选出"税服你队"和"税与争锋队"2支队伍代表学校参加本次全国本科院校纳税风险管控案例大赛福建分区赛。比赛采用校内指导教师和行业导师联合指导的新模式，并分为2个阶段：分区赛和总决赛。分区赛分2个环节举行，第一环节是税法知识测试，全国同一时间、同一试题、远程在线方式测试；第二环节是案例分析，参赛队伍需在规定时间内上传编写的纳税风险管控案例。

"税务精英训练营"以纳税风险管控案例大赛为载体，以赛促训、以训促学，持续提升财税教学改革与实践水平，激发学生学习税法和财税知识的兴趣，培养学生综合素质和解决问题的能力，同时进一步推动税法知识进校园，促进税务师行业与高校产教融合。未来，经管学子将会用更专业的知识、更独到的见解再创佳绩。

第三节 第二课堂"金课"工作案例
——"税务精英训练营"第二课堂实施概况

一、课程总结

"税务精英训练营"课程通过案例讨论、案例分析、学科竞赛、实践教学实现了理论学习与社会实践的无缝衔接，包括：①校外实践基地实际案例调研等；②税务实践的前期准备（案例讲座）、中序管理（案例分析训练）与后续履行（案例比赛、专业实践）等环节的实战与运用。

第二课堂实践教育类"金课"——"税务精英训练营"通过充分利用校内省级经管实验中心、经济管理案例中心、福建通瑞税务师事务所实践教学基地等实践平台，积极开展以课程项目为主线、以工作任务+全球案例发现系统运营为平台、以学科竞赛为抓手的社会实践活动。该课程将校企合作的制度安排同成果导向教学模式改革研究中心东南分中心平台的支撑紧密结合，有效跟踪与学习先进院校的新思路、新成果，为项目的持续改进与高质量发展探索先进道路。

通过开展此次第二课堂"金课"——"税务精英训练营",进一步明确经管学子税务方面的长远目标,全力调动学生的积极性与参与性,助力税务精英训练营的后续发展,加快构建经管学院第二课堂教育教学改革事业新格局。

二、课程开展情况

(一)第一讲:"税务精英训练营"概述

课程负责人主讲。"税务精英训练营"面对税收学专业定向报名。该训练营以培训由中国注册会计师协会主办的全国本科院校纳税风险管控案例大赛优秀参赛人员,加强经管学子对税法知识的学习和掌握,提升税收理论素养和实务基础为主要目的。课程通过"教+学+练"的一体化教学方法,将学生置于虚拟实训+实践平台的沉浸式教学环境中,带动学生参与认识税务实践、熟悉税务实践的积极性,最后在税收学专业中培养选拔出优质人才代表经管学院参加比赛,达到实训、实用、实效的预期教学效果。

课堂上解读了《全国税务领军人才培养规划(2013—2022年)》,使同学们了解税务精英的相关概念,理解什么是税务精英;同时传授了成为税务精英需要掌握的相关税收技能,帮助同学们掌握学习税收学基本理论知识的方法和技巧,以及查找相关税收法规政策的方法及途径。课程负责人对参与下一阶段课程的不同年级学生的税务学习做出了详细的规划,并积极策划专业摸底测试,以便更深入了解同学们的税务专业水平。"税务精英训练营"第一讲旨在加强同学们对"税务精英"相关概念的认识,了解到成为税务精英所需要具备的技能,激发专业学习的积极性。

(二)第二讲:企业税务风险案例分析

"税务精英训练营"第二讲——企业税务风险案例分析由团队成员福建通瑞税务师事务所总经理主讲,旨在加强同学们在税收风险案例分析方面的实践能力,同时帮助税收学专业学生进一步加深对所学专业的认知,了解今后职业发展所必须具备的专业技能和职业素养,更加合理有效地做好大学学业规划。

课堂中,行业导师首先为税收学专业同学讲解了税收在生活中的重要性,并通过3个案例来说明学习税法知识、运用税法知识的必要性,讲解了案例中所涉及的相关税收法规知识以及税收案例分析所运用的方法,介绍了税收风险管控案例编写的基本流程及方法。导师分享自己的学习与工作经历,鼓励同学们扎实学习基本理论知识,通过考取证书的方式激励自己主动学习,以便于在以后的工作中融会贯通。在提问环节,行业导师耐心地解答了同学们的疑惑,表达了对同学们的期许与肯定。

通过本次专业认知教育讲座,同学们增强了专业认知感,坚定了学好专业知识和掌握专业技能的信心,也更进一步提高了税收风险管控方面的分析能力,为参加2021年全国本科院校纳税风险管控案例大赛打下了坚实基础。

（三）第三讲：中国注册会计师、税务师证书培训

"税务精英训练营"第三讲——中国注册会计师、税务师证书培训由财政学专业的优秀校友返校主讲。

首先由课程负责人向同学们介绍优秀校友，校友毕业于闽江学院财政学专业，为中国注册会计师、资产评估师、中级会计师，有着丰富的考证类教学经验。目前担任中汇华成（福建）税务师事务所税务经理，长期为新华都集团、世茂集团等上市公司、大型国企、五百强企业提供税务咨询、培训、企业所得税汇算清缴等各项涉税服务。

接着校友做考证经验分享。他通过讲述自己在证书考取过程中的一些事例，向同学们分享了自己考取注册会计师、税务师的一些心得以及学习经验，鼓励同学们要时刻保持积极向上的态度，享受学习的过程，才能一直走上坡路。他为同学们分析了税务行业的发展前景，指出任何行业都缺高端人才，什么就业方向没有绝对的优劣之分，重要的是在自己的领域内深耕发展，提升自身的核心竞争力；之后他通过往年考试数据向同学们介绍了注册会计师、税务师考试的难度；最后分享了自己考取证书时所用的考试资料以及报名的科目搭配。

在答疑环节，校友耐心为同学们解答了证书的回报是什么、怎样分配备考时间等问题。最后，由课程负责人做课程总结，他提出，希望同学们能够向优秀校友学习，做好自己的大学规划，努力为考取证书做准备，提高自己的核心竞争力，以便能在税收行业或其他领域发光发热。

（四）第四讲：全国纳税风险防控案例大赛

课堂上，课程负责人为同学们解读中税协发布的《关于组织举办 2021 年全国本科院校纳税风险管控案例大赛的通知》，理解比赛的性质、竞赛赛程和方式，讲解案例分析中所运用税收政策法规的相关内容、各税种的税收征管制度，介绍掌握查找相关税收法规政策的方法及途径以及税务实操中会遇到的税务风险，分析税收风险管控案例编写流程及编写规范。课程最后，同学们在课堂上进行案例讨论并学习编写税收风险管控案例。

三、课程成果

通过"税务精英训练营"的培训和指导，经过紧张的赛事准备，最后进行精彩的角逐，闽江学院代表队"税服你队"获团队三等奖，"税与争锋队"获团队优秀奖，闽江学院经济与管理学院指导老师获案例指导教师三等奖。

"税务精英训练营"以纳税风险管控案例大赛为载体，以赛促训、以训促学，持续提升财税教学改革与实践水平，激发学生学习税法和财税知识的兴趣，培养学生综合素质和解决问题的能力，同时进一步推动税法知识进校园，促进税务师行业与高校产教融合。

> 知识链接

"税务精英训练营"课程教学大纲

一、课程基本信息

表 10-1 课程基本信息

课程名称	税务精英训练营
课程英文名称	Tax Elite Bootcamp
课程性质	闽江学院第二课堂"金课"
总学时	8学时，其中理论2学时、实践6学时
适用专业	税收学、会计学、财务管理
开课学期	第3学期
先修课程	税收学，中国税制（一），中国税制（二）
参考书目	① 全国税务师职业资格考试教材编写组编著，《税法》（Ⅰ、Ⅱ），中国税务出版社，2021 ② 郭勇平、杨杨、王文清主编，《全新税收实务操作及经典案例解析》，立信会计出版社，2020
课程简介	"税务精英训练营"是面向税收学、会计学、财务管理等专业学生开展的以税务实践学习为核心、以培养税务精英为目标的第二课堂"金课"。本课程为充分利用校内省级经管实验中心、经济管理案例中心、校外实践教学基地等实践平台开展"讲座+实训+真实案例"的社会实践活动，带动学生认识税务实践、熟悉税务实践的积极性。本课程通过案例讨论、案例分析、学科竞赛、实践教学实现理论学习与社会实践的无缝衔接，包括：①校外实践基地实际案例调研等；②税务实践的前期准备（案例讲座）、中序管理（案例分析训练）与后续履行（案例比赛、专业实践）等环节的实战与运用

二、课程任务

本课程任务是在学生学习税收学、中国税制（一）、中国税制（二）等课程，对税法的基本原理和主要内容有深入的认识之后，使学生具备税务精英人才所必需的税务案例分析技能，包括税收风险防控、筹划案例分析及税务管理案例分析，掌握描述理论知识、灵活运用知识进行税收风险分析的能力，注重培养学生的学习能力及团队协作能力，为今后在工作中的实务操作打好基础。该课程的内容主要包括税务精英概述、案例讲座、税务技能培训及案例比赛。通过本课程的学习，学生能够组队参加由中国注册税务师协会主办、福建省注册税务师协会承办的2021年全国本科院校纳税风险管控案例大赛。

三、课程教学目标

1.思政育人目标

通过本课程的学习，使学生提高观察、思维、推理、判断、分析与解决税收问题的能力，形成敬业、守信、高效、协作、精益求精等职业道德与素质，树立正确积极的纳税观念，提高纳税意识。

2. 专业知识目标

通过本课程的学习，使学生准确认识到实务中可能遇到的税收问题，掌握分析税务问题的科学方法和解决税务问题的基本途径，学会运用避税方法、转让定价等知识解决税务工作中的相关问题，能够在事前识别风险、防范风险，在事中控制和化解风险。侧重培养学生利用税收实体法的基础知识，对公司经济业务所涉及的税务问题进行科学分析的能力。

3. 专业能力目标

通过本课程的学习，使学生能够掌握和运用专业知识，增强对有关税收问题的案例分析水平，特别是运用税法知识解决涉税问题的能力。培养学生对各种法规、措施、方法等内容的综合运用能力。采用理论与实践相结合、理论讲述与案例分析相结合的方法进行教学，注重培养和提高学生分析问题和解决问题的能力，使学生能够在未来实践中的理论运用达到专业水平。

四、结业要求和课程教学要求与课程教学目标的关系

课程教学目标对结业要求的支撑和课程教学要求及主要内容见表 10-2、表 10-3。

表 10-2　课程教学目标对结业要求的支撑

课程教学目标	结业要求1: 具备良好的思想政治素质和优良的道德品质	结业要求2: 掌握税收及相关学科知识结构，了解前沿	结业要求3: 运用税收基本理论与方法解决实际问题	结业要求4: 运用现代工具分析税收问题	结业要求5: 能够与同行对税收问题进行有效沟通	结业要求6: 在税收专业领域具有团队协作意识	结业要求7: 具有自主学习意识	结业要求8: 具有职业道德
课程教学目标1 思政育人目标	√				√	√	√	√
课程教学目标2 专业知识目标		√	√			√		
课程教学目标3 专业能力目标		√	√	√	√	√		

表 10-3　课程教学要求及主要内容

知识模块	教学要求	教学重点和难点	教学内容	学时分配	教学方式	对应的课程教学目标
第一讲税务精英概述	通过学习《全国税务领军人才培养规划（2013—2022年）》，了解税务精英的相关概念，理解什么是税务精英；理解成为税务精英需要掌握的相关税收技能；掌握学习税收学基本理论知识的方法和技巧；掌握查找相关税收法规政策的方法及途径；理解税收案例分析及政策解读；了解相关税收政策的出台背景、出台依据、改革进程、新旧衔接等	重点：掌握学习税收学基本理论知识的方法和技巧；掌握查找相关税收法规政策的方法及途径；了解相关税收政策的出台背景、出台依据、改革进程、新旧衔接等 难点：掌握学习税收学基本理论知识的方法和技巧；掌握查找相关税收法规政策的方法及途径	①什么是税务精英 ②如何成为税务精英 ③学习税收学理论知识的方法和技巧	2	讲授2学时	课程教学目标1、课程教学目标2、课程目标3
第二讲企业税务风险案例	掌握案例中所涉及的相关税收法规知识；理解税收案例分析所运用的方法；掌握税收风险管控案例编写的基本流程及方法；通过查找相关税收法规政策分析案例中所涉及的税收问题；分析案例中涉及的企业相关税收问题，运用所学知识解决税务争议问题，进行税收筹划	重点：分析案例中涉及的企业相关税收问题，运用所学知识解决税务争议问题，进行税收筹划；了解税收风险管控案例编写基本流程 难点：通过案例选择、课前准备、讨论、分析、总结与评价这一系列的流程，以实际案例为基础，将书本中的理论与实际结合起来	①企业税收案例分析 ②企业税收风险管控案例编写方法及流程 ③案例讨论	2	讲授1学时，讨论1学时	课程教学目标1、课程教学目标2、课程目标3

续表

知识模块	教学要求	教学重点和难点	教学内容	学时分配	教学方式	对应的课程教学目标
第三讲中国注册会计师、税务师证书培训	了解中国注册会计师和税务证书的基本情况；了解中国注册会计师和税务证书考证的报考流程、具体内容及备考要点；理解中国注册会计师和税务证书的区别和联系；理解各税种之间的联系；掌握税务实操的相关技能	重点：了解中国注册会计师和税务证书的基本情况；了解中国注册会计师和税务证书考证的报考流程、具体内容及备考要点 难点：理解各税种之间的联系；掌握税务实操的相关技能	①注册会计师、税务师考证经验分享 ②税务技能实操训练	2	讲授1学时，技能培训1学时	课程教学目标1、课程教学目标2、课程教学目标3
第四讲全国纳税风险防控案例大赛	了解中税协发布的《关于组织举办2021年全国本科院校纳税风险管控案例大赛的通知》，理解比赛的性质、竞赛赛程和方式；掌握案例分析中所运用税收政策法规的相关内容；理解各税种的税收征管制度；掌握查找相关税收法规政策的方法及途径；了解税务实操中会遇到的税务风险；理解不同纳税方法的运用对企业产生的影响；掌握税收风险管控案例编写流程及编写规范；进行课堂案例讨论并学习编写税收风险管控案例	重点：纳税风险管控案例大赛性质、竞赛赛程和方式 难点：了解税务实操中会遇到的税务风险；理解不同纳税方法的运用对企业产生的影响；掌握税收风险管控案例编写流程	①中税协《关于组织举办2021年全国本科院校纳税风险管控案例大赛的通知》文件解读 ②税收知识竞赛 ③税收风险管控案例编写流程及编写规范 ④案例编写	2	讲授2学时	课程教学目标1、课程教学目标2、课程教学目标3

五、其他建议与要求

1. 课程资源开发与利用建议

本课程教学资源包括各种税收实务案例教学资料,以及该课程可以利用的各种教学资源,主要有各种例题及习题的数据材料和信息、光盘、多媒体课件、图书馆藏书、电子期刊等。

2. 课程实践环节基本要求

能够运用税收专业知识解决实际案例问题,编写纳税风险管控案例。

3. 教学方法建议

根据经济管理类人才培养方案中确立的培养目标、培养规格,注重实践、应用能力的培养,以学生为中心,注重体现"教学做合一"的教学理念,融入课程思政理念。

六、考核方式及成绩构成

采用案例教学为主的形式,通过调研报告、案例分析及案例训练、竞赛成绩等综合考核和评定学生课程成绩。成绩构成见表10-4。

表10-4 成绩构成表

考核环节	权重(%)
调研报告	10
案例分析	20
案例训练	30
竞赛成绩	40

七、课程评价与持续改进机制

课程评价:在课程教学过程中,可以调研在读或毕业后上过该课程的学生对课程的评价,请他们提出建议和意见供课程教学参考,课程教学过程中不断根据修改意见进行改进。同时,与学院其他老师开展座谈会,讨论教学中存在的问题。

持续改进机制:建立日常教学质量监控机制,将评教工作深入推进到日常教学工作中,采用QQ群、微信等现代化通信手段及时与学生沟通交流,以便及时发现教学中存在的问题。